中华历史小丛书

多被人间作画图
江南市镇的历史解读

包伟民 著

中国人民大学出版社
·北京·

目　　录

引言　悠悠何处是江南——地域释名 1
　　（1）政区沿革 4
　　（2）经济地理 6

一、疏苗盈野间桑麻——区域开发 12
　　（1）重心南移 12
　　（2）专业经济 17

二、屯戍监官古制存——市场形成 39
　　（1）男耕女织 39
　　（2）军镇转型 45

三、十里桑阴水市通——结构布局 61
　　（1）网络布局 61
　　（2）镇区布局 71

四、轻舟日日往来频——水网交通 79
　　（1）传统水运 79
　　（2）近代变迁 90

五、小市千家聚水滨——镇区形制 110
　　（1）街区模式 110
　　（2）市河泛舟 121

六、长廊箷屋紧相连——街市要素 126
　　（1）桥梁河埠 126

（2）街市建筑 …………………………………… 143
七、繁华富丽压苏杭——百业汇聚 ………………… 160
　　（1）桑棉成市 …………………………………… 160
　　（2）商号分布 …………………………………… 176
八、有约招提茶话去——社会生活 ………………… 193
　　（1）四民结构 …………………………………… 193
　　（2）生活习俗 …………………………………… 203
余论　近代变迁的基本路径 ………………………… 224

引言　悠悠何处是江南——地域释名

佚志残碑尚可稽，当时沿革未全迷。

菰城古邑三唐后，谁识南林旧有溪。

——[清]范锴《浔溪纪事诗》

近年来，随着旅游业的蓬勃发展，各地一些传统市镇不断引起人们的关注。

新世纪第一个春意盎然的农历桃花三月天，2001年4月7日，在充满水乡古镇浓郁风情的中国江南小镇——浙江嘉善西塘镇，一场别开生面的特种邮票的首发仪式在这里举行。这是由国家邮政局发行的一套六枚《水乡古镇》特种邮票。

这组编号为2001-5的特种邮票，静静地展示了中华大地上江南区域内六个古镇的本色风貌：江苏的昆山周庄镇、吴江同里镇、吴县甪直镇，浙江的桐乡乌镇、湖州南浔镇、嘉善西塘镇，江苏、浙江各占一半。这六个江南著名水乡古镇，无疑将随着六枚小巧精致的邮票，越来越多地受到世人的关注。

这六个古镇，所代表的是以太湖流域河网地带为中心的江南地区传统市镇的面貌。

事实上，在围绕太湖流域的江苏南部与浙江北部，这样的市镇，又何止这六个？江苏的盛泽镇、震泽镇、平望镇、枫桥镇、黎里镇，浙江的塘栖镇、双林镇、菱湖镇、王店镇、濮院镇等，都是具有代表性的江南传统市镇。这些市镇依河而存，它们的临河街市、沿河房屋、粉墙黛瓦、小桥流水、沿河廊棚、水埠码头、过街骑楼、狭长弄堂、石桥古树，乃至民情风俗、风味小吃等等，表现出江南水乡市镇别具一格的独特风韵。

当时国家邮政局发行这一套六枚《水乡古镇》特种邮票，是为了庆贺2001年4月西塘、周庄等六大古镇被列入"中国世界文化遗产预备名单"。到2015年3月26日，国家文物局进一步批准在上述六个古镇之外，再加上浙江省的新市镇，以及江苏省的千灯镇、锦溪镇、沙溪镇、黎里镇、震泽镇、凤凰镇，共计13个古镇，列入国家"十三五"申遗计划。

图1 《水乡古镇》特种邮票一套六枚之一：昆山周庄

图2 《水乡古镇》特种邮票一套六枚之一：嘉善西塘

那么，何处是江南？什么是市镇？全国各地皆有古镇，为什么挑选江南地区的这些古镇来申请列入世界文化遗产？江南市镇又是怎样形成的呢？

（1）政区沿革

江南是一个标志地理方位的名称，指长江以南。在中国历史上，这样的地理名称很多，山东山西、河南河北、关内关外等等就是。不过江南在中国历史上一向是一个特殊的地区。千百年来，从古代到现代，从中国到外国，一直有人赞美它，歌唱它。从唐代诗人白居易深情吟唱《忆江南》起，江南的名声，经历代传诵，家喻户晓。

在中国，似乎还没有一个地区能够像江南一样，获得如此多的文人雅士、学者专家的青睐与关注。江南似乎已经成为一种象征，象征着山清水秀的一方土地，象征着繁盛富庶的鱼米之乡。

那么，究竟何处是江南？是不是长江以南所有广大的地区，都算是江南呢？实际上，江南一词的涵盖面，在不同的历史时期，是有所不同的。

秦汉时期，江南主要指洞庭湖南北地区，也就是今长江中游的湖北南部和湖南全部。当时的江南，范围很大，南界一直到南岭一线，北界也并不以长江为限。这一时期的江南与我们今人所接受与理解的江南,无论是在地域上还是在经济上都迥然不同。江南地区的气候湿热难当,经济生产落后,令富庶发达的中原人民望而生畏,甚至成为中原人士的流亡之地。据说早在春秋时期,楚国打败了郑国,郑襄公就恳求楚庄王说,只要留他一条性命,他宁愿迁往江南地区。那时,想必没有人会欣赏乃至讴歌日后大唐文人开始争相吟诵赞美的江南吧。

唐太宗贞观元年(627年),在中央政府与地方州郡之间设立监察区,称为道,分天下为十道,当时所设的江南道,几乎将长江以南的中下游地区全都囊括了进去,东临海,西抵蜀,南极岭,北带江,也就是今天浙江、福建、江西、湖南及江苏、安徽、湖北的江南地区,还包括四川东南部以及贵州东北部,也就是包括了秦汉以来的江南与吴越地区。从此江南一词又作为政区地名出现在历史上。

到开元二十一年(733年),由于江南道地域太广,不便管理,于是分成江南东、西两道。到乾元元年(758年),又拆江南东道为浙江东、西两道与福建道,只留下江南西道还沿用江南之名。

宋代改称监察区为路,宋太宗至道三年(997年)在全国设十五个路,主要以唐后期江南西道的地域设置了江南路。到天禧四年(1020年),又分江南路为江南东、西两路。其中的江南西路后来逐渐被简称作江西路,这就是后来的江西省。今天的安徽、江苏两省长江以南地区，大部分都在当时江南东路的辖境之内。

元灭宋后，依历次军事征服用兵的范围设置了十大行省，原宋代江南东路辖地大多被划入江浙等处行省，原江西路则沿其旧，设有江西等处行省。等到朱元璋建立明朝，在南京应天府建都，将其周围的十四个府州直接隶属于中央，因此这个地区总称直隶。后来永乐皇帝朱棣迁都北上，在北京周围同样设置直隶府州，称北直隶，于是将以南京为中心的这十四个府州称为南直隶。

清朝建立后，南京留都地位不再，清政府于顺治二年（1645年）在原南直隶之地设置江南承宣布政使司，这就是习称的江南省。到顺治十八年（1661年），又以江南省辖地过于辽阔，分拆成江南左、右两个布政司。六年后，改江南左布政司与右布政司为江苏布政司与安徽布政司。这就是后来江苏省与安徽省的由来。再加上原来江南西路之简称江西省早已固化，从此，江南就从大政区地名中消失了。

（2）经济地理

那么，我们这里所说的江南，究竟指哪一个地区呢？

近代以来人们所说的江南地区是一个特指的自然经济区域，它是近五六百年来在政治与经济等多种因素影响之下形成的概念。

秦汉以后，长江下游地区缓慢而又持续地得到开发。东晋时期，中央政府为避北方战乱，第一次从黄河流域迁到长江流域，第一次跨过了长江天险，将首都建在今天的南京市，于是，长江下游流域才得到较为迅速的开发，成为农业生产的一个中心。到隋朝开通了贯通南北的大运河以后，长江流域的粮食财赋源源不断地被运往北方，长江以南地区日渐发达起来。到唐代，随着长江流域经济的日益发展，全国经济重心开始慢慢南移。

唐代的江南地区，它的繁盛富庶已经表现出来。唐代诗人韩愈说："赋出天下，而江南居十之八九。"虽说不排除文人夸大其词的成分，但至少说明江南社会经济迅速发展到了引人注目的程度。不仅如此，唐人在描绘宁夏平原风光时，也用上了"塞北江南"一词，如"贺兰山下果园成，塞北江南旧有名"。许多诗词都以"江南"为题，"望江南""忆江南""江南好"等，甚至成为词牌的名称。例如，大诗人白居易《忆江南》其二云：

江南忆，

最忆是杭州。

山寺月中寻桂子，

郡亭枕上看潮头，

何日更重游？

从此以后，说到江南，人们就联想起秀美的山水、富饶的经济，以及发达的文化。到两宋时期，经济重心南移完成，长江下游的太湖流域遂成全国经济最为繁盛的地区，时人称"苏湖熟，天下足"。这个地区同时也就成为帝制国家财赋所出的重地。

不过当时在作为监察区行政地名（江南东路、江南西路）之外的一般意义上的江南，它的地域范围更多指五代十国时期位于长江以南的南唐政权的旧地。南宋以后，狭义江南的地域范围慢慢清晰起来。明代大学士丘濬接着唐代韩愈"赋出天下，而江南居十之八九"的话说道："以今观之，浙东西又居江南之十九。苏、松、常、嘉、湖五郡又居两浙十九也。"这里所说的五郡，实际上应称为五府，相当于今日的苏州、上海、常州、嘉兴、湖州。这五府之地环绕太湖，基本上相当于太湖流域。当然，有些人并不拘泥于以环太湖诸府来做观察，他们将镇江府和杭州府也加入进去。明代大学士顾鼎臣就说，"苏、松、常、镇、杭、嘉、湖七府，供输甲天下"，乃"东南财赋重地"，把七府当成一个整体。

当时人们之所以将这五府或七府视作一体，主要是因为它们"供输甲天下"，乃"东南财赋重地"。这一局面的形成，既是南宋末年国家赋税制度的影响所致，更在于这些州府经济最为发达，是全国的经济重心之所在。例如仅就五府而言，明代苏州、上海、常州、嘉兴、湖州五府，农业生产高度发展，这五府交纳的税粮数额，占当时全国总额的五分之一，其中苏州一府就占了将近十分之一。就劳动生产率而言，苏州一带每亩产米三石，北方旱地每亩仅产粮数斗。因此，江南，已经不止是地理区域的概念，更是经济区域的概念了。以苏州为中心的五府地区，成为两宋以来中国经济的重心。

正因为此，现在学术界在考察明清以来的经济地理时，就按地理上的完整性、地区内部不同地域间经济水平的接近以及经济联系的紧密性这样两条科学标准，将明人所论苏、松、常、镇、杭、嘉、湖七府，再加上江宁府，视作一个完整的区域：狭义的作为经济地理区的江南地区。明代弘治十年（1497年）从苏州分拆出一个直隶州——太仓州，因此现在学界所说的狭义的明清时期江南地区，就是宁、苏、松、常、镇、杭、嘉、湖八府以及太仓州这样的八府一州之地。

近代以后，情况略有变化。明清时期，江南地区的交通大动脉是运河，各地财赋经水运集聚沿岸州府，再经过运河连通长江，与其他经济区相连接。各沿岸城市中苏州尤为重要，因此苏州可以说是运河时期江南地区的中心城市。近代开口通商以后，随着中国加入国际经济，海运取代河运，上海崛起，取代苏州，成为江南的中心城市，苏南、浙西地区都成了它的腹地。于是，原来被钱塘江隔离、相对落后的浙东宁绍平原，由于海道相通，受到上海的直接影响，加上宁波的开口通商，经济、文化发展十分迅速，日趋与浙西、苏南并驾齐驱。

也就是说，明清时期以太湖流域苏州为中心，包括苏南及浙北杭嘉湖平原在内的江南地区的范围，在进入近代以后向东南扩展了，将浙东沿海的宁绍平原也包括了进去，并改以近代港口都市上海为中心。这样调整以后，包括宁绍平原的近代江南地区的概念，如果按地理上的完整性、地区内部不同地域间经济水平的接近和经济联系的紧密性这两条科学标准去衡量，也是相符的。

因此，本书所指的江南地区，就是近代中国最重要的港口都市上海在经济、文化上对周边辐射所及的范围。时至今日，这里仍是中国经济、文化最发达的地区之一。

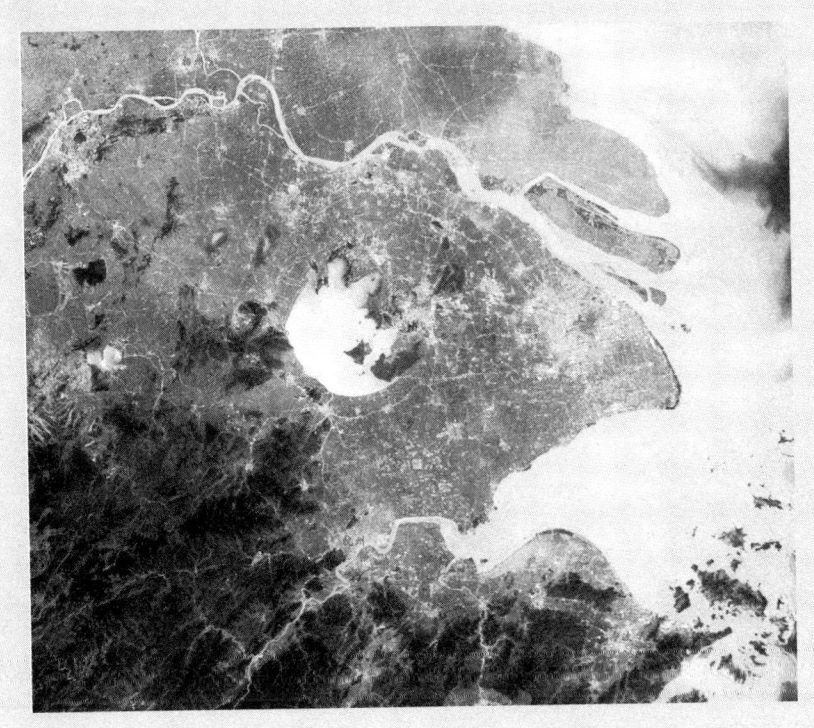

图3 江南地形图

一、疏苗盈野间桑麻——区域开发

> 雨里鸡鸣一两家，竹溪村路板桥斜。
>
> 妇姑相唤浴蚕去，闲看中庭栀子花。
>
> ——[唐]王建《雨过山村》

江南地区的开发，经历了一个相当漫长的历史过程。

（1）重心南移

考古学家喜欢用"满天星斗"一词，来形容我国新石器时期各地广泛形成各具地域特色的古文明的盛况。他们将那些已经被发现的数以千计的古文明遗址归纳成六大板块。在不同板块间，文明发展的速度是有差别的。相对而言，位于黄河中下游的中原地区无疑是中华文明的中心。因此，长期以来，人们总是将黄河比喻成中华民族的摇篮。典型地反映中华儿女对黄河这种自豪感情的文艺作品，自然首推由光未然作词、冼星海作曲，于1939年首次演出的《黄河大合唱》。这首交响乐以黄河为中华民族精神的象征，庄严地讴歌了中华民族坚贞不屈、顽强抗争的英雄气概，大大地鼓舞了当时全国人民抗击日本侵略者的斗志。

考古学家发现，在同样被归纳为古文化板块之一的长江下游地区，也早就有了相当发达的新石器文明。其中最具代表性的，一是于1973年被首次发现于浙江余姚的河姆渡文化。河姆渡文化大致存在于距今7000至5000年，主要分布在东南沿海地区，已经发展出相当成熟的稻作文明。另一则是早于20世纪30年代被发现、主要分布于太湖流域的良渚文化，距今5300至4500年。良渚文化以其精美的玉雕器而闻名。近年考古学家还发掘出良渚文化时期的古城与大型水坝，更引起人们极大的关注。

自从长江下游这些发达的新石器文化遗址被发现，就有学者提出，以前我们只讲黄河是中华民族的摇篮，并不准确。事实上，长江与黄河这两条大河都是我们民族文化的摇篮。

尽管如此，自从进入有文字记载的文明时期，相比于黄河流域，长江地区的开发相对迟缓，却是事实。在西汉史学家司马迁看来，江南"地广人希，饭稻羹鱼，或火耕而水耨，果隋蠃蛤，不待贾而足"，因此"江淮以南，无冻饿之人，亦无千金之家"，经济开发明显落后于黄河中下游地区。而且"江南卑湿，丈夫早天",自然环境也比中原地区恶劣。

这样一来,长江下游地区古文明之发达与其秦汉时期的相对落后,似乎形成了一个明显的反差,令人困惑。著名史学家许倬云就曾经著文《良渚文化到哪儿去了》发问。也有学者曾试图做出解释,例如以距今7000到6000年达到顶峰的卷转虫海浸、海平面上升的现象,来说明河姆渡文化发展似乎中断的问题。但是,不管怎么说,在人类农业发展的初期,相对干旱、疏松的黄土沉积平原,远比江南的黏土湿地更容易开发耕作,是不争的事实。

总之,在中华民族农耕文化发展的早期,黄河与长江这两大摇篮相依而行。相对而言,长江流域的发展速度明显比黄河流域来得迟缓,但是在它的内部,蕴含着巨大的发展后劲。

我国地域辽阔,地区间自然条件与历史背景各不相同,发展速度相互间有一定落差。在各个不同的历史时期,往往会有某一特定的区域成为全国经济最发达的地区,学术界一般称之为经济中心,或者经济重心。由于受自然、政治、军事、人口等多方面因素的影响,这种中心或重心,随着历史的演进,它们的地位往往会上下波动,于是形成重心转移的现象。大致讲,中国历史上的经济重心是沿着黄河中游(关中)向黄河下游乃至长江下游这一路线转移的。

在很长一段历史时期里，我国经济发展区域主要在淮河以北的黄河流域，特别是黄河中下游地区。这里被称为中原地区，是古代华夏－汉族的起源地和活动中心。

具体而言，从公元前六七世纪一直到公元七八世纪，我国的经济重心在黄河中游的关中地区。秦国占据关中，以此为根据地，最后才有实力扫平六国，建立统一的帝制王朝；汉唐帝国也以此为全国的中心，将国都建在长安。

不过，这种状况后来发生了变化。一方面，关中平原因国都所在，税赋沉重，开发过度，更兼战火兵燹，慢慢开始衰退；江南地区经过长期积累，人口增长，技术进步，更因为受战争等外界因素影响较小，发展加速，相比之下地位开始上升。从东汉后期开始，随着长江流域的不断开发，出现了新的经济发展区，人口数急剧上升，如太湖和钱塘江流域，鄱阳湖、洞庭湖周围及成都平原，都在不断发展，成为新的经济发展区域。

到了东晋、南朝时期，匈奴人刘渊起兵建国，洛阳、长安相继失守，晋王室南移到今日南京，北方汉人也都纷纷大批移居长江以南地区。在五胡十六国混战更迭时期，北方人民为避战乱又陆续大批南下。这就为南方生产增加了劳动力，也带来了先进的生产技术，促使战乱较少的长江以南地区经济、文化得到迅速发展。

江南的经济发展，到隋唐时期表现得更明显。隋炀帝开凿了北起涿郡、南到杭州的大运河，其主要目的就是要把江南丰富的物产往北运调。而大运河一经开通，就成为南北交通的大动脉，对促进全国经济、文化的交流和发展起了重大的作用。

到唐代安史之乱后，黄河流域成为藩镇割据混战的角逐场所，社会经济遭到破坏；江南地区却比较安定，加上不断有北方人因避战乱移居江南，给江南增添了劳动人手。因此，在唐朝后期，江南地区的社会经济仍然保持迅速发展的趋势，粮食生产跃居全国首位。

这样，由于南方地区的自然条件较北方的优越，社会环境较北方的安定，在南北方生产力水平日趋接近的情况下，一旦中原人民为避战乱大量南移，南方人口超过了北方，其经济发展速度也必然迅速赶上，并超过北方。这种情形大约在两宋时期出现了。

北宋时期，南方人口已近北方人口的两倍，垦田数和赋税总额都超过了北方。商业发展到南宋时期发生了根本变化，西北陆路商道已让位于东南海道。只有畜牧业是北方经济的强项，手工业也是南北双方各有所长。古代中国长期以来是个农业国家，所以，全国经济重心的转移是以农业经济为标准的。从此，中国的经济重心就由北方转移到了南方。在南方，相对而言，经济最发达的地区，即重心之所在，就是长江下游，即后来狭义的江南了。

（2）专业经济

1210年，浙东温州小邑瑞安县知县许兴裔修建县衙建筑，他请当地名人叶適为这件事情写一篇记文，于是叶適在其《瑞安县重建厅事记》中写下了这样一段话：

> 民聚而多，莫如浙东西。瑞安非大邑，而聚尤多。直杉高竹皆丛产，复厢穹瓦皆赘列，夜行若游其邻，村落若在市廛。

叶適是温州永嘉县人，他应邀为邻县官衙修建工程写记文，难免有一些客气话，但他在文中所表达的感观无疑是真实的。"民聚而多，莫如浙东西"，在他看来，当时的两浙也就是现今的苏南、浙江地区，人口聚集，实在太多了。即使在"非大邑"的瑞安，晚餐后出门散散步，都好像在城市邻里间串门一样，村落相接，房屋相连。

用现代学术语言来讲，这就是出现了所谓的人口压力现象。或者说，相对于当时的技术所能够开发的自然资源而言，人口太多，以致资源——主要是土地——不足了。

我国史学界对于两宋时期在南方——主要是长江下游——是否出现了人口压力现象，意见有分歧。不过当时的人们感到土地资源越来越不足，难以应付日益增长的人口对粮食供给的需求，则是十分清晰的史实。于是，人们不得不转而去利用那些不容易开垦的土地，以求扩大农田面积。

在文明早期，由于受生产力水平的制约，人们总是从易到难，先在那些相对容易开垦的土地上面发展农业。譬如相对于江南地区的黏性土壤，黄河中下游的疏松的黄土地带就首先得到大规模开发。在江南地区，人们则是先开垦一些浅坡地，进可以利用下游水源，退可以依靠山地资源，同时避开下游的洪涝之灾。这也是经考古发现的新石器文化遗址基本上都集中于浅坡地的原因。在今人看来地理条件更好的平原地带，当时由于未经整治，其原始状态并不太适合农业耕作。

随着人口压力的加大与生产力水平的提高，人们才既有了必要，又有了能力，来开发那些原先相对不太容易开发的地带。在江南地区，这一开发过程大致从唐末起明显加速，到两宋时期进入高峰期。这当然是与全国经济重心南移的过程相吻合的。其结果就是太湖流域大量低湿地被逐步开发成优质农田。

江南低湿地的开发需要具备几项必要的前提条件：

其一，充足的劳动力投入。当时江南地区持续增长的人口，使这一条件得到了满足。

其二，成熟的技术条件。首先是必须要有高效的排水设备，具体讲就是龙骨水车的普及应用。其实早在东汉末年,龙骨水车就已经被发明了出来,但并未马上得到广泛应用。直到两宋时期,随着江南低湿地的大规模开发,龙骨水车才有了真正的用武之地。这也可以作为一个典型例子,来说明被普及应用的技术并非总是最先进的技术,而往往是最适合的技术。其次,人们还培育了很多适合在低湿地种植的作物新品种,主要是水稻。

其三,必要的经验积累。对两宋时期江南地区的人们来说,低湿地开发是一件新鲜事物,前人的经验显然不敷所用。北宋沈括的一则记载相当典型地说明了这一事实。

在他那本被誉为中国科学史上里程碑的《梦溪笔谈》中,沈括有这样的一则记载:

> 苏州至昆山县,凡六十里,皆浅水无陆途,民颇病涉。久欲为长堤,但苏州皆泽国,无处求土。嘉祐中,人有献计,就水中以蘧蒢刍藁为墙,栽两行,相去三尺。去墙六丈为一墙,亦如此。漉水中淤泥,实蘧蒢中,候干,则以水车汱去两墙之间旧水,墙间六丈皆土,留其半以为堤脚,掘其半为渠,取土以为堤。每三四里则为一桥,以通南北之水。不日堤成,至今为利。

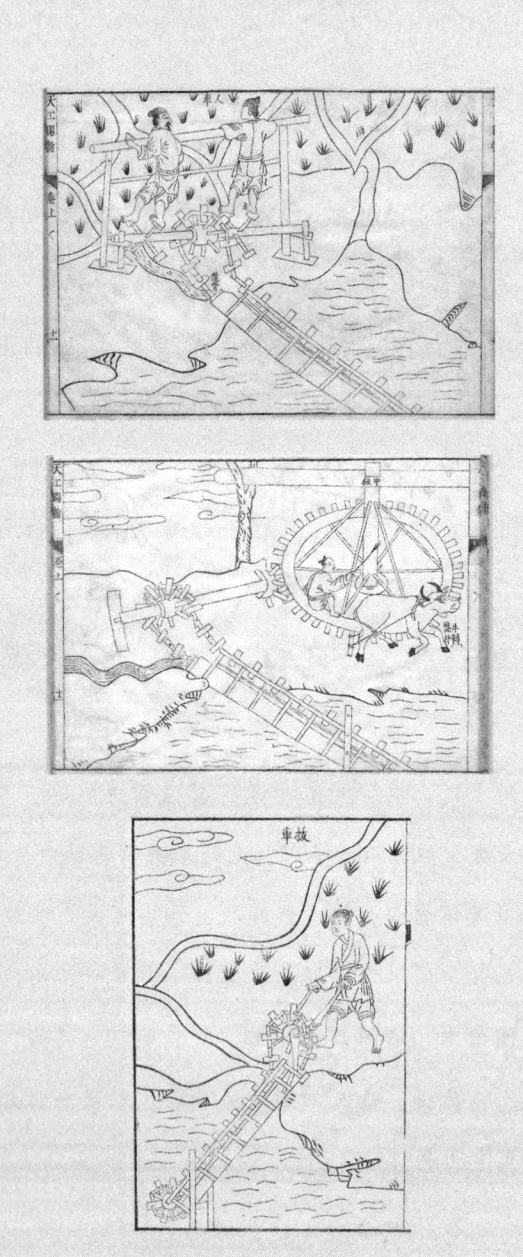

图4 龙骨水车形制:《天工开物》卷上附"踏车"图、"牛车"图、"拔车"图

图5 龙骨水车

根据沈括的记载可知，当时从苏州到昆山县，六十里的路程都是沼泽地，"皆浅水无陆途"，而且"苏州皆泽国，无处求土"。沈括在另一则记载中也曾提到，江南"可耕之土皆下湿厌水"。这就十分清晰地记述了当时太湖流域平原地带的地貌状况，都是属于"泽国"的低湿地，以致交通不便，更不要说利用这些土地来耕作了。想造一条长堤以便于民众出行，却因为"无处求土"而无计可施。到宋仁宗嘉祐年间（1056—1063年），才有一个聪明人想出法子：在沼泽地中平行相隔6丈各竖一道篱笆墙，糊泥防水，将篱笆墙两头堵住，用水车将其中的水抽干，露出土层，再向下挖沟，将挖出的土翻向一侧，形成一条土堤。每隔三四里造一座桥，以使土堤两岸的水得以流通。就这样，才将从苏州到昆山的土堤造成。

那么，如果将这样的土堤围成一个大圆圈，将土堤圈里面的水车干，露出土层，不就可以在里面耕作，种植庄稼了吗？

这样用土堤围圈开垦出来的农田称作圩田，江东一带的人们则往往称圩田为围田。当时太湖流域的低湿地，主要就是用圩田的方法开垦出来的。在不同地区，圩田规模不一，形式多种，名称也不一样。规模大的，例如沈括曾经参与修建的芜湖万春圩，圩堤宽6丈，高1丈2尺，周长84里，圩内村落散布，开渠行船，另筑一条纵贯南北的大道，长达22里。大圩四周建有5座水门，视水旱启闭。圩筑成后，官府每年得税粮36000斛，其他杂项收入无数。一些规模较小的圩田，则只有数亩大小，像柜子一样，被人称为柜田。据元人王祯《农书》所说，"柜田，筑土护田，似围而小"。江南圩田开发的持续时间很长，像万春圩那样的大圩圈起来以后，内部的修整一直到明代才最终完成，但其围垦高峰期在两宋时期。

圩田的大量围垦，使得江南地区形成了一种奇特的地貌。南宋著名文学家杨万里曾有这样的描写："江东水乡，堤河两涯而田其中，谓之'圩'。农家云：圩者，围也。内以围田，外以围水。盖河高而田反在水下。"他的一句"河高而田反在水下"，相当传神地描写了圩田所造成的地貌。

宋孝宗乾道六年（1170年）六月，陆游被任命为夔州（今重庆奉节）通判，他坐船从绍兴到四川上任。在经过苏州平望镇时，他在日记中记载下了这样的一幅场景：由于连日下雨，运河水泛溢，"高于近村地至数尺"。他从船上向四周观望，只见两岸农妇儿童，都在竭力用水车排出田中积水。那些农妇手脚齐用，一边脚踏水车，一边手上还不停地绩麻。诗人的一则文字，写尽农家艰辛。陆游所记载的运河河水"高于近村地至数尺"，正是杨万里所说"河高而田反在水下"的地貌。

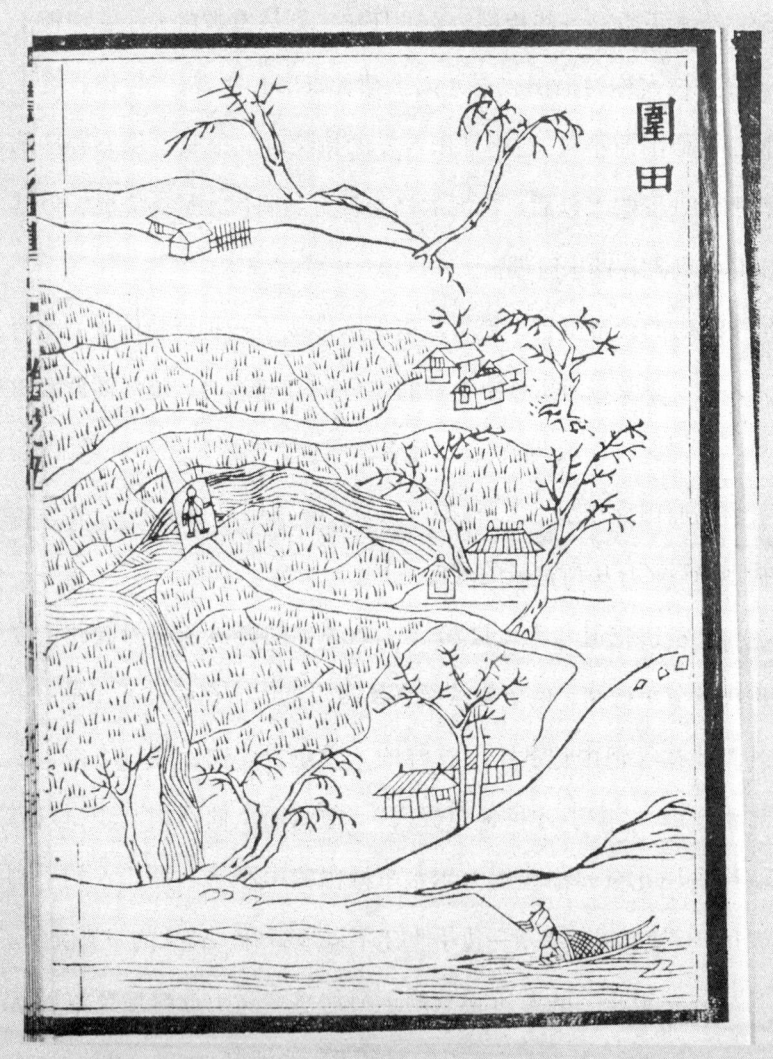

图6 徐光启《农政全书》附"围田"图

图7 圩田（高淳镇）

实际上，除了圩田之外，当时其他各种类型的土地开垦形式都被广泛应用了起来，例如开垦山地而成的梯田，开垦海滩而成的沙田、涂田，开垦湖泊而成的湖田，等等，不一而足。

在江南丘陵地带，利用梯田形式开垦山地，到南宋时期形成高潮。例如在徽州山区，民众将一些相当零碎的山地都开垦成了梯田，以至"层累而上，指十数级不能为一亩，快牛剡耜不得旋其间"。南宋文人楼钥描写温州山区梯田，"百级山田带雨耕，驱牛扶耒半空行"，极具诗意。事实上，如果不是平原农田开垦殆尽，人们哪会费劲登上百级山田去耕作呢？

在土地资源不足的压力之下，人们想尽一切办法来开发那些原先被弃而不用的"边边角角"的土地，以至在文献中留下了一些与土地开垦相关的有趣故事。

据记载，北宋时有一个北方人到湖州任知州，刚到任没几天，就有人上堂告状，说他家里的一块菜园子地半夜里被人偷走了。知州大人读了状纸大感不解，田地哪能被人偷走呢？问了手下人，还真有这事！原来湖州位于太湖南岸，湖岸边茭荪杂草堆积时间长了，厚达一尺，民众就铺上泥土，用来种蔬菜，称作荪田。半夜里有人将荪草割开，用船撑引而去，这"田"不就被偷走了吗？

类似荪田这样的"土地"形式，其他地区也多有所见。有些地方是用竹子在水面上搭架子，再在上面铺泥土种植，称为架田。

总之，人们为了增加可供耕作的农田，已经想尽一切办法了。

但是，土地资源毕竟有限，农田面积不可能持续增长，尤其不可能跟上人口增长的速度。随着人口的进一步增长，江南地区的人们还得另想办法来养活自己。

我国历史上的人口总数，北宋末年突破1亿大关，此后虽有起伏，总体趋势是加速增长：明初洪武二十六年（1393年）约7270万，明末近2亿，到清末超过了4亿。其中江浙两省一直是全国人口增长最明显、密度最高的地区。江南地区更是两省之中的聚焦点。若按江苏省应天、镇江、苏州、松江、常州五府，另加太仓州，以及浙江省杭州、嘉兴、湖州、宁波、绍兴五府，也就是前文所说近代以来江南的十府一州来计算，其土地面积合计约占两省总额的32%，人口合计在1776年约为3095.1万，到1820年增长到3797.3万，均占两省总额的56%强。若与全国平均值相比较，其人口密度值更是最高。

可是自南宋以后，江南的空闲土地基本已被开发殆尽，不可能再有明显拓展，那么，江南的农民靠什么来养活他们不断增多的家小呢？

看来只有一个办法了，那就是让既有的土地尽可能长出更多的产品。

首先是田间经营的精耕细作。所谓精耕细作，就是对于单位面积的土地，尽量增加劳动投入，以提高土地利用率和土地生产率。精耕细作一向是我国农业生产的特点，江南尤其如此。自从经济重心南移以后，在更细致的田间管理之余，江南地区精耕细作农业发展的基本思路是提高复种指数。宋代以后，稻麦轮作的一年两熟制在江南地区进一步推广，到南宋后期，部分地区甚至出现了稻麦轮作的一年三熟制。明末清初美洲作物传入，山区农作也得以向进深开拓。但是，粮食产量的增长仍远远跟不上人口的扩张。

于是，江南的农业经济开始转向一条土地利用效率更高的路径：专业经济。

我国历史上的农户，向来重视粮作之外的多种经营，南方地区土地形态多样，产业丰富，尤其如此。北宋著名文学家曾巩描写江西分宁县的农业生产，说当地农户随田地高下肥瘠，依其所宜杂植五谷，不留任何空闲土地。此外"茶盐蜜纸竹箭材苇之货，无有纤巨，治咸尽其身力"，也就是在粮食生产的同时，尽力发展其他专业经济，以补贴家用，补充粮作的不足。南宋以来，江南地区农户发展专业经济的主要内容，则是栽桑养蚕与植棉两项。

图8 [宋]杨威《耕获图》

图9 罾鱼（佚名《太平乐事册页》局部）

一家一户，男耕女织，自给自足，一向是人们对传统农业经济的规范描述，江南地区也不例外。不过，自南宋而下，江南地区农户的男耕女织，慢慢超越自给自足的范畴，走向了以工补农，甚至以工代农的方向。换句话讲，也就是这个地区农户所从事的蚕桑业与植棉业的规模，远远超过了他们自身消费的需要，他们织绸纺纱，主要是为出售以换取食粮等生活消费品。

中国是世界上最早养蚕、缫丝、织绸的国家。根据考古发掘和甲骨文记载，无论是黄河流域还是长江流域，早在距今三四千年前就已经养蚕，并利用蚕丝织绸了。从《诗经》中可以看到黄河中下游各地都有以蚕桑丝织为题材的诗篇。如《豳风·七月》中就有一段描写风和日丽、鸟语花香的暮春季节，农村姑娘们为采桑养蚕而忙碌的诗句："春日载阳，有鸣仓庚。女执懿筐，遵彼微行，爰求柔桑。"又如《卫风·氓》中的一段："氓之蚩蚩，抱布贸丝。匪来贸丝，来即我谋。"说明先秦时代中原地区的蚕桑缫丝业已经比较普遍，并出现了市场交换。从那时到秦汉，黄河下游的齐鲁之地，即今山东的蚕桑业最为发达。

栽桑养蚕，也很早就是江南农村中相当普遍的副业。不过一直到唐朝的安史之乱爆发前，包括江南地区在内的长江流域的蚕桑业发展水平，比起黄河流域，总是略逊一筹。安史之乱严重破坏了黄河中下游地区的经济，也摧残了那里的蚕桑业。江南地区由于没有受到战乱的破坏，经济继续发展。唐朝后期，太湖流域已是江南最富庶的地区。唐末诗人陆龟蒙有"高下兼良田……桑柘含疏烟。处处倚蚕箔，家家下渔筌"的诗句，这是太湖边上的鱼米之乡家家户户都经营捕鱼和蚕桑副业的写照。

随着全国经济重心的南移，太湖流域的蚕桑业在唐朝中叶以后，已经赶上并超过黄河流域，成为全国蚕桑业最发达的地方，到宋朝就更为突出了。南宋诗人范成大住在太湖流域的吴县石湖镇，在他的《田园杂兴》诗中，有好几首是以蚕桑缫织为题材的，如："三旬蚕忌闭门中，邻曲都无步往踪。犹是晓晴风露下，采桑时节暂相逢。"又如："小妇连宵上绢机，大耆催税急于飞。今年幸甚蚕桑熟，留得黄丝织夏衣。"

从那以后，讲到蚕桑业，人们就自然而然地联想到江南农村桑树遍野、蚕匾层叠的景象。蚕桑业成为江南地区农村经济中富有特色的一大产业。由于蚕桑业产值高，远比耕种粮食作物收益高，因此，江南大片的农田变为桑田，农民们全家老小都投入蚕桑生产。

宋元以来，江南棉业兴起。明代中叶前后，种植棉花的区域越来越广，经济实惠的棉布和棉花越来越多地取代了丝织品和丝绵，以致中国蚕桑生产趋于萎缩。但是，蚕丝毕竟有它特有的优点。丝绵比棉花轻暖，丝织品比棉布纤柔美观，加之明代中叶以后，商品经济日益发展，海外贸易逐渐扩大，社会上对蚕丝，尤其是品质较高的蚕丝仍有一定需求。

江南地区的太湖流域，蚕桑业已有深厚的基础，经验丰富，加上水土相宜，能够生产优质的蚕丝和丝织品。因此，当明代中叶蚕桑业在全国范围内普遍萎缩的时候，太湖流域，尤其是苏州、嘉兴、湖州一带，蚕桑丝织业却仍能保持繁荣局面，并继续发展，成为中国蚕桑业最发达以及上等丝绸的主要生产地方。

在种植业专业化的基础上，以家庭为单位的个体手工加工业形成，最大限度地增加劳动投入，以获取相对多的收益。最初是一家一户从种桑树、养蚕，直到缫丝，全过程承包下来，自己种植桑树，用桑叶喂养蚕宝宝，等到蚕宝宝长大后，结成蚕茧，把蚕茧缫成丝，最后出售原丝。后来，就有些农户专门种植桑树，出售桑叶；有些农户专门养蚕，出售蚕茧；有些农户则养蚕兼缫丝，出售原丝；还有些农户专门自制蚕种出售。于是，出现了栽桑、养蚕、缫丝相分离的现象。农村小商品市镇经济也随之发达兴盛。

图 10　江南桑园

棉织业的发展也一样。元朝的时候，中国农业史上发生了一个重大的变化，它使中国蚕桑生产趋于萎缩。这就是棉花种植面积的扩大。宋元以来，江南棉业兴起，明代中叶前后，种植棉花的区域越来越广，发展到近代前夕，已经形成了一个在全国占有举足轻重地位的棉花种植与棉布生产的专业经济区。

　　中国人民的衣被原料，原先主要是蚕丝和麻葛。棉花传入后，由于生产过程比蚕丝简单，单位面积产量也较高，另外，棉布比丝织品易于织制，质地也较坚牢，是远比丝织品大众化的衣被原料，于是，人们日常生活中所用的丝织品被棉布取代，丝绵被棉花取代。

　　在种植棉花的基础上，农民们还对棉花进行手工加工，将收获的棉花纺成纱，再用棉纱织成棉布，这样，就形成了以纺纱、织布为中心的家庭手工业。有些地方已经在一定程度上出现了植棉与加工，以及棉花加工中纺与织相分离的现象。江南棉区所产的这些棉花、棉纱、棉布，农户除了留一部分自用外，大量直接作为商品流入市场。因此，棉纱、棉布以及棉花本身，都成了江南农村出产的大宗商品。特别是棉布，作为最后的加工成品，是明清以来江南农村棉业经济所生产的最主要的商品。江南棉布输出外地，几乎到达国内各经济区域，有些甚至远销国外，到达东南亚等地。

图11 [宋]王居正《纺车图卷》局部

南宋以来江南农村的专业经济为什么会发展如此迅速呢？那就是因为从单纯粮作转向以蚕桑与植棉为中心的经济作物，农户生产经营的重点已经不再局限于农田劳动，而是转向了蚕茧、棉花等原材料收获以后的手工业生产。农户一般并不是简单地出售蚕茧、棉花等这些原材料，而是将它们加工成丝绸、棉布之后，再投向市场。现在他们出售的产品所包含的劳动，已经不再以前期的田间劳动，而是以后期的手工劳动为主要内容了，其附加值更高，所得到的收益自然也就更高了。从本质上讲，明清时期江南农户的专业经济，已经不再是以工辅农，而是农工相兼、相得益彰了。

以现代经济学原理去分析一下，明清时期江南农村的这种专业经济，其单位面积的总收益虽然增长了，但生产效率并不一定按比例提高。比方说一亩田种植水稻收获粮食，每年需要投入100工，改为种植桑树后，养蚕收茧，再缫丝织绸，可能需要投入200工。但农户出售丝绸，不可能得到相比于产粮200%的收益，而只能得到150%或160%。这就是经济学上所说的边际效益递减。不过尽管如此，农户还是愿意这么做，因为一方面，总收益毕竟增加了五六成，他们可以借此养家糊口了。另一方面，养蚕纺织，所付出的不少是农闲时间，以及小孩、妇女等传统意义上的"闲劳动力"。小孩、妇女即使不参加劳动，他们也得吃饭穿衣，所以对农户来说，至少就这一点而言，生产成本并未明显增加。此外，相比于传统男耕女织的自给自足经济，明清江南农户的专业经济需要付出的劳动更多，农闲时间更少，更为辛苦，这也是显而易见的。

桑棉之外，江南农户大多还保留一定比例的农田种植水稻，这是因为专业经济收益直接受制于市场行情等因素，风险较高，尤其如养蚕，易受病害影响。他们必须将生产经营分散到几个不同的领域，以确保每年的基本收成。

总体而言，关于江南地区的桑棉以及仍然保留的粮食生产各占多少比例，文献中有"三分宜稻，七分宜木棉"之类的记载，这也许出于夸张，但大致而言，粮作与桑棉各占一半，可能比较符合历史事实。

从一家一户的生产经营比例看，虽然大多桑与粮或棉与粮相兼，但从江南地区总体来观察，由于自然地理、生产传统等等因素的影响，其内部不同区域间桑、棉与水稻种植的比重是有差异的。例如，棉花适宜生长于地势较高的沙涨之地，以及沿江滨海地带，这些地方植棉普遍。从清代中叶的情形来看，江南地区大致有南北两大植棉中心：北有江苏的太仓、松江等地，南有浙江宁绍平原的慈溪、余姚等地，这些地方的棉花已经成为当地的主要作物。蚕桑区则主要分布于环太湖地带，如苏州、无锡，以及杭、嘉、湖等靠近太湖的地区。相对而言，粮作区比较分散，但也有一些地域水稻种植相对集中，例如嘉兴的平湖等地。

蚕桑与棉业并非明清时期江南农户唯一的专业经济类型，在此之外，江南农户的专业经济可以说是种类繁多，例如桐乡县的菊花种植、善琏镇的湖笔制作、陶庄镇的砖瓦生产等，不一而足，都是农户所用以工补农的形式。不过总体而言，蚕桑与棉业占绝大多数。

明清江南经济专业化以后，农户营生转向主要依赖于丝棉纺织品与其他手工制品，他们拿着这些产品走向市场，换取自己所缺乏的生活必需品，主要是粮食，以及其他必要的生产资料，这一格局是伴随着当时全国市场的发展才最终形成的。江南纺织品的输出必须有其相应的销售市场，同时其他地区也能够为江南提供它所必需的输入商品，例如湖广地区的粮食等。另外，在江南地区内部，为了配合商品流通量远远超出传统农村经济结构的商品输出与输入的交易需求，为了满足农户日常买进卖出的需要，农村地区大量的商业性聚落——市镇就兴起了。

二、屯戍监官古制存——市场形成

> 塘东早市自堪夸,乡妇春秋惯纺纱。
>
> 设肆两边官弄口,家家抱布换棉花。
>
> ——[清] 李正墀《塘东樵唱》

那么,江南地区大量的为满足农户日常买进卖出等需要而兴起的商业性聚落——巾镇,具体又是如何一步一步发展起来的呢?

(1) 男耕女织

市镇的概念,比都市小,也比县城小,一般指县城以下农村地区的集镇。这种农村集镇,是从传统的农村集市发展而来的。传统的农村集市,也就是农村小市场,是对中国传统农业社会自然经济的一种不可或缺的补充。

早在原始社会时期,原始农业本来是妇女的事情,她们以采集这种最古老的方式来谋取生活资料。男人们只是从事渔猎和打仗。

直到原始的锄耕农业发展为传统的犁耕农业，同时有了纺织，农业才开始转入男子之手，开始了男耕女织的时代，原始社会亦由母权制向父权制过渡。

男耕女织，在中国历史上，是长期以来为人们所向往、所歌咏的一种自给自足的田园经济生活。中国人甚至想象，连天上的神仙都羡慕这种实实在在的小农生活，所以才会在中国文学史上演绎出极富生命力的"天仙配"的传说，使董永与七仙女的故事家喻户晓，流传至今。

男耕女织，是历史悠久的中国传统社会中的一种自然分工。男人手中的犁，女人手中的纺车，是传统社会中最重要的两种生产工具。有学者甚至认为，犁的进化史就是古代农业史，而纺车史则是工业发展史。

男耕女织，长期以来就是农业与家庭手工业结合的基础，成为自然经济的标志。

中国传统农业社会的基本特征之一，是它的经济生产的自给自足性，这种经济就是自然经济。农民不但生产他们自己所需要的粮食，而且也生产其他生活必需品。农民全靠自己耕种粮食，生产口中食；自己纺纱织布，生产身上衣。这就是典型的男耕女织的中国传统农业社会的自然经济生活。

不过，仔细想来，在实际情形中，农民经济生产的自给自足性并不是也不可能是绝对的，例如食盐，并不是大多数农户自己所能生产出来的。历史上常用"米盐贸易"的概念，来指传统农业经济所包含的最基本的商品交换活动。因此，中国传统的农业经济生产和生活中，也包含商品交换活动。

也就是说，所谓自给自足的自然经济，是就中国传统农业的总体经济状况而言的。但在具体村落与村落之间，农户与农户之间，生产品种总会有所不同，绝不会是整齐划一的。这个村种植水稻，那个村多种油菜，沿海村落有盐田，山边村寨有木柴，很自然地，村落之间就会进行不同产品的交换，以满足基本生活的需要。你用稻谷换油菜，我用食盐换柴火，备齐柴米油盐醋，方能安度温饱日。最初的商品交换活动，正是以这种物物交换的形式开始的。

有商品交换活动，就有交换活动的场所。这种交换场所，就是市场。南宋文人刘宰曾经说过："十家之聚，必有米盐之市。"农村地区只要有一个十来户人家的小聚落，就必然会伴生出一个小市场，供村民与他人交换商品。农户所能出售的最基本的商品是米，而他们所购入的商品，首推每日必需而又无法自家生产的盐。

自然经济基本上是自给自足的，所以虽有交换需要，但并不多，交换场所也不大，一开始还往往是临时性的或间歇性的。不过,这种交换市场无论多么原始,多么微小,几乎被长期湮没在农村自然经济的汪洋大海之中,但它始终是存在的,而且随着中国农业经济的发展而缓慢发展。这种农村小市场经济,长期以来就是中国传统农业社会自然经济的补充。

市镇,就是在这种农村小市场的基础上逐步成长起来的。

中国传统农业社会初期的"市",有两个比较明显的特征:

第一,由于商业不够发达,市是有间歇性的,为定期集市;集市时间也有限,所谓"日中为市"。这种定期集市存在了相当长的一段历史时期,甚至到了近代以后,还可以在一些地区见到。

第二,由于政府很早就插手市场管理,以及当时农村聚落尚不发达等原因,市大多集中于都邑,所以有"都市""官市"的概念。

秦汉以后,随着农业经济的发展,农村集市逐渐增多,开始形成了一个相对于"都市"的专门名词"草市",并出现在文献记载之中。

草市,是指商品交换市场地处农舍草庐之所,也是为了与都市、官市相对,表示属于乡间草民交易之所。自秦汉以来,地方行政州(府、郡)、县两级区划形成惯例,因此,所谓草市,也就是相对于县邑及其以上的都市、官市而言的,属于县邑以下农村地区的交易市场。

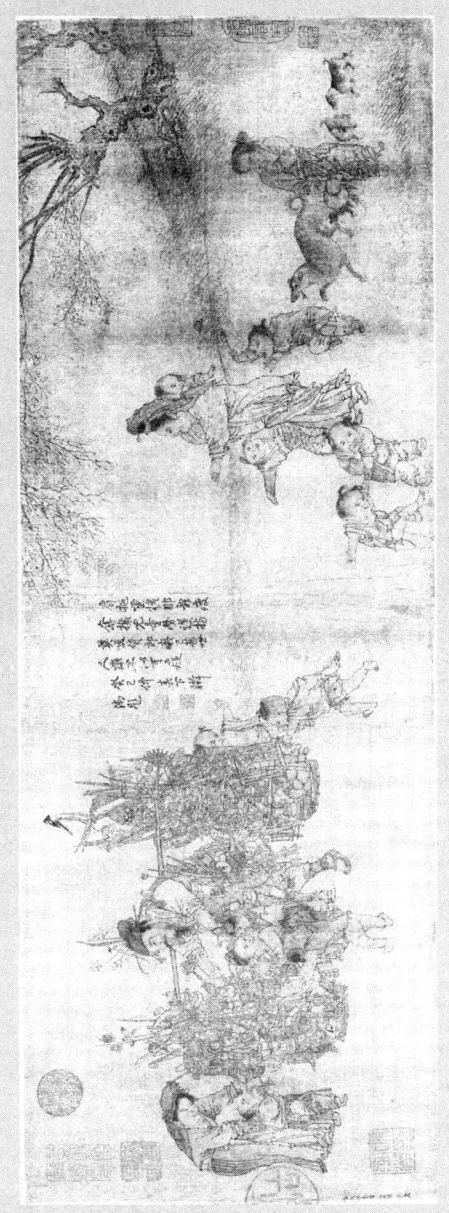

图12 [宋]李嵩《货郎图》

图13 [宋]佚名《山店风帘图页》局部

（2）军镇转型

从公元5、6世纪起，有一个新的因素开始影响农村市场的发展历程，那就是镇的出现。

镇，在一开始是作为军事据点而兴建的。"镇"的名称最早正式出现在公元4世纪至6世纪中国历史上的北魏时期。北魏建都于平城（今山西大同东北），为了防御来自北方的侵扰，拱卫首都平城，魏道武帝时开始在北部边境（今内蒙古河套地区以东、阴山山脉以南地区）设置沃野等六镇。这就是"军镇"的起源。后来内地也开始设置军镇，用以派驻军队，守卫要害。这些镇，不属州县地方政府管辖。不少镇设在水路交通要道，便于贸易活动。慢慢地，随着时间的推移，人口逐渐聚集，形成集市，成为一方商品交换中心。

到了宋代，镇制蜕变，一些没有军事价值的军镇被撤销，大多数镇则变成了农村市场，成为县城之下农村地区较大的聚落。于是，在草市的概念之上，又有"镇市"的出现。

从北宋中期起，在多数情况下，设置镇的标准，已经从地方的军事重要性转向其商业地位，也就是征收酒利商税的数额。设镇标准的改变，使镇的地位发生了重要的变化。镇由原先的军事戍地变成了农村市场，亦即"镇市"。宋代将镇纳入州县政府的管辖之下，规模稍大的镇都派遣县级佐官作为监镇官予以监管，并对设置文武镇官的地方集市，规定了酒利商税的下限，规模过小、无力监管之处，由人户承包买扑，实行包税制。在县级政区之内，规模较大的农村集市也大多由官府派员监管，设立为镇。这样，就在地方形成了县市、镇市、一般小集市的三级市场结构。

成书于宋神宗元丰三年（1080年）的全国性地方志《元丰九域志》，首次编录了全国在县级政区之下的镇。这成为镇的性质发生历史性转变的显著标志。

就农村市场而言，形成了在都邑与乡村聚落两者之间充当中介的"镇市"以及一般集市这样两个层次，一般称前者为镇，后者为市。镇与市两者的层次结构由此形成。以后，历代政府基本延续宋代"以县统镇"的办法，在农村商贾汇集的中心地区设镇置官，征收商税，监理地方。

随着时间的推移，农村商品经济缓慢地向前发展。在这一过程中，镇越来越被农村市场所消化。换句话说，镇最初作为军事要塞的性质，已经日益淡化、变异，最后竟至于荡然无存，取而代之的是它作为农村市场的商业性质。

于是，镇、市之间的关系也逐渐发生了变化。

变化的第一步，是镇、市两者之间的区别，从是否设官监管，日渐变为商业地位的差别。商业发达兴旺的为镇，较次者为市。

变化的第二步，是镇、市起初按商业地位分列，后来变为市镇并称，两者的区别更加淡化。镇、市虽有规模大小以及商业盛衰状况之别，但它们的共同点在于都是贸易场所。所以，"市镇"一词日益成为它们的通称。

最初源于军事戍地的"镇"，后来与农村市场融合，并最终被农村市场消化的过程，充分反映出，中国传统农业中商品经济的成分不断膨胀。

从江南市镇的情形来看，现在有不少历史悠久的传统市镇，其渊源可以追溯到军事戍镇。

例如，浙江北部的乍浦镇和澉浦镇，在唐宋时期是作为沿海驻军要塞，出于军事上的考虑而设置为镇的，也就是传统意义上的军镇。

又如，浙北平原著名的两个古镇——长安镇和硖石镇，在唐宋时期也是以军事职能为主的军镇。

同样，历史悠久的乌镇，早在唐、五代时期，也是一个军事重镇。这从乌镇称谓的演变过程就可见一斑。乌镇最初称为乌墩，五代十国时期，十国之一的吴越国建都在杭州，吴越国的钱王戍兵于乌墩，就称乌墩为乌戍。

但是，明清以来在江南农村地区形成的市镇网络，都是由于商业市场的因素。上述在唐宋时期作为军镇的乍浦镇和澉浦镇，自元代以来，在海外交通贸易事业的推动下，逐渐发展成为重要的商业贸易港口，其经济职能日益显现。长安镇和硖石镇，到明代也已经转变为以经济职能为主的商业市镇，并先后成为江南著名的米市。而那个吴越国钱王戍兵镇守的乌戍，到明代早已改称为乌镇，这个镇不再是军事戍镇，而是商业发达的江南农村市镇了。后来，在市河车溪以东，又兴起另一市镇，即青镇，两镇分别归属于乌程与桐乡两县，但联系紧密，如同一体。1950年两镇合并，称乌镇，归桐乡县管辖。为了阅读方便，下文即统称乌镇。

归纳而言，明清以来作为农村经济中心的江南市镇，其起源一般有三种情形：

其一，从最初的军镇发展成商业市镇，如乍浦镇、澉浦镇、长安镇、硖石镇、乌镇。

其二，农村聚落直接因农村经济的发展而成为市镇，如杭嘉湖平原的南浔镇，就属于此种情形，从草市发展而来的濮院镇也属于此种情形。

其三，围绕官吏世族之家而发展起来的市镇。例如嘉兴王店镇，在五代后晋时期，有个名叫王逵的人，做了嘉兴镇遏使，后来又晋升为柱国大夫、工部尚书，最后辞职还乡，"植梅百里，聚货市易"，王店的名称由此而来。由于王逵喜种梅花，王店还有梅里、梅汇里等称呼。王逵家大业大，王家的聚货贸易吸引了人们，王家店铺的兴旺生意推动了当地商业经济的发展。到明代，王店已是商业经济繁荣的江南市镇。湖州双林镇也是以士族定居地而汇聚成商业贸易点的江南市镇。

图 14　海盐县澉浦镇修复的城门（昭示它作为军镇的历史）

图 15　王店镇市河市街

总体来说，由于农村经济产品交换的需要，用于农村商品交换的小市场发展起来了。

最初，一般是有间歇性的定期集市。一个地方的农民，相约在一定的时间，把各自生产的物品，肩担的担，手拎的拎，背驮的驮，从自己家里带到大家都认为比较方便的地方，进行交换，各得所需。初期的集市，间歇期较长，比如有一个月一次的月市，有十天一次的旬市。每次在天蒙蒙亮时就进行，等到天大亮的时候，农民匆匆离开集市，回到田里干活去了。在许多地方，去集市称为"赶集"，大概就是表示匆忙赶往集市的意思。

早期的市场，在集市散场之后，就空空如也。慢慢地，随着农村经济的缓慢发展，随着农民产品交换需要的扩大，这种农村集市贸易的内容也丰富起来，规模也相应扩大，交易的时间也延长了。头脑灵活的农民就做起了各种生意。

比如，在市场上开起茶馆，供赶集的农民落脚休息，喝杯茶水，吃些早点，交流信息。久而久之，农民泡茶馆，竟然从一种生理需要发展为心理需要，成为一种业余消遣、一种社交活动。有些茶馆，甚至还发展成为听书说唱的娱乐场所。这也许从一个侧面说明，经济推动了文化的发展。

至今，在一些江南市镇上，还可以见到这种传统的茶馆，如嘉兴王店镇，就有专为附近乡村的农民开设的小茶馆，与镇上的居民无干。王店茶馆每日凌晨三四点钟就开张，遇到农闲季节，生意可以做到上午十点左右。如遇农忙时节，茶客就散得较早。在茶馆的门槛边，往往可以看到几个篮子，里面有几把豆角，或者几把菜心之类的时鲜菜，是茶客上镇赶集时，顺手从自家菜园里采下带来的。路过的居民看见中意的，拿起货物掂掂分量，然后高声向茶馆里面问价，茶馆里的某个角落就传出悠悠的应答，也并不一定要起身出迎，买主自会将钱丢在篮里，取走货物。

市场上开始有人居住了，有人存货了，有人办商行了。就这样，由于农村商品交换的需要，以及为农村商品交换提供服务的行业的出现，市镇发展兴旺起来了。

让我们举一个典型的例子来说明这一过程。

今天江苏省苏州市吴江区南面，莺脰湖之畔，有一个称作平望的市镇。唐代曾在此地设驿站，宋代开始设置兵寨，元代以后都在这里置巡司，后来才渐次民商汇聚，遂成一方名镇。平望镇的发展，可以比较具体地反映明清时期江南市镇成长的过程。

南宋后期，文人杨万里曾赋有《平望夜景》一诗：

> 夜泊平望更点长，新月无光湖有光。
> 昨宵一雪今宵霜，犬吠两岸归人忙。
> 夜深人静无一事，画烛泣残人欲睡。
> 忽有渔船外水来，一桹波声风雨至。

二、屯戍监官古制存——市场形成

半生堕在红尘中,浮家东吴东复东。

楼船夜宿琉璃国,谁言别有水晶宫。

渔船棹声,犬吠两岸,寂无灯火,看来南宋后期的平望,依傍兵寨,也许已经有一些农户聚居,不过商贾利市的开张,却还得再等一等。

清人翁广平曾经编纂了一本《平望志》,记载平望一地史事。他在那志书里,竟然收录了三首描写平望蚊子的诗篇,煞是有趣。不过细读之下,我们就会发现这几首诗文吟诵的虽然是平望的蚊子,却从一个侧面折射出了平望镇的发展历史。

第一首是唐人吴融所作《平望蚊子》,全文如下:

天下有蚊子,候夜嘬人肤。平望有蚊子,白昼来相屠。

不避风与雨,群飞出菰蒲。扰扰蔽天黑,雷然随舳舻。

利嘴入人肉,微形红且濡。振蓬亦不惧,至死贪膏腴。

舟人敢停棹?陆者亦疾趋。南北百余里,畏之如虎豹。

噫嘘天地间,万物各有殊。阳者阳为伍,阴者阴为徒。

蚊蚋是阴物,夜从喧墙隅。如何正曦赫,吞噬当通衢。

人筋为尔断,人血为尔枯。衣巾秽且甚,盘馔腥有余。

岂是阳德衰,不能使消除。岂是有主者,此乡宜毒荼。

吾闻蛇能螫,避之则无虞。吾闻虿有毒,见之可疾驱。

惟是此蚊子,逢人皆病诸。江南夏景好,水木多萧疏。

> 此中震泽路，风月弥清虚。前后几来往，襟怀曾未舒。
>
> 朝既蒙襞积，夜仍跧蘧蒢。虽然好吟啸，其奈难踟蹰。
>
> 人生有不便，天意当何如。谁能假羽翼，直上言红炉。

平望地处湖荡深处，孑孓滋生，蚊蚋成群，是常有的现象。但是如诗人所写的那样，不管白天黑夜，遮天蔽日，"人筋为尔断，人血为尔枯"，实在恐怖，就有点异乎常情了。

志书所收录的第二首是明人周永年所作《平望蚊子》，是对吴融诗作的呼应。周永年开篇就说：

> 尝读吴融诗，疑其或作恶。蚊阵何处无，独云平望路。

开始他不免诧异，蚊子到处都有，你吴融大惊小怪干吗呢？不过接下来他笔锋一转，道出了亲身体验到被平望蚊子叮咬的滋味：

> 今夕一宿此，始知真足怖。岂其蚊母草，偏向前溪聚。
>
> 帷似有人开，满中皆彼趣。扇驱手已疲，烟辟火难厝。
>
> 耐热引被蒙，针刺忽穿度。既饱微若醉，喧呶又复据。
>
> 将飞辄乱鸣，翕集类相慕。客枕无以当，起坐不敢怒。
>
> 一身为射的，众喙自奔赴。我血饫尔腹，幸不受刀锯。
>
> 尔血殷人掌，杀亦分故误。可饮不可言，指口人知惧。
>
> 嘬肤复聒耳，尔恶在多助。何由其歼除，忍令作露布。

周永年的"始知真足怖"，不仅淋漓尽致地描写出了平望蚊子猖獗嗜人血的恐怖景象,还与吴融的诗作相配合,将平望从唐代直到明代的生态环境写绝了。当然,这显然反映了当时平望之地的生态状况,不太可能有大型聚落存在。

但是,第三首诗作,即清人翁敏慧所撰《平望无蚊子》,却来了一个一百八十度大转弯,与前两首诗作唱起了反调。有意义的是,翁敏慧并不满足于只是作为一介舞文弄墨的书生,与前人抬扛取乐,以作消遣,而是以自己的分析与理解,解释了吴融与周永年时代蚊子猖獗成性,而到他自己所处的清代则蚊子销声匿迹的基本原因,令人在读后莞尔一乐的同时,得到启示,似乎看到了平望从荒芜水乡到繁荣市镇的演变历史。

翁敏慧的《平望无蚊子》有一个序,值得一读。序中说:"余前读唐吴融《平望蚊子》诗,甚言蚊之害人,而明周永年亦极言之。大约未成市廛时,诚有之也,今则绝无而仅有,可为平望解嘲,因成二十韵以继吴、周二公之后,即呈沈鹤田先生以博一粲。"

这里,值得注意的是翁敏慧的解释:"大约未成市廛时,诚有之也,今则绝无而仅有"。

翁敏慧的《平望无蚊子》全文如下:

壬辰季夏初,天气殊炎热。纳凉坐檐前,挥扇不能歇。
差喜无蚊子,不假帷帐设。转展难成寐,忽然忆前哲。
昔读吴融诗,平望蚊成窟。帷帐不能蔽,利嘴甘人血。

> 复有周永年，作诗踵其说。读之疑信参，此言非妄发。
> 平望在前朝，有水皆蒲泽。芦苇复丛生，蚊子为巢穴。
> 后来居民蕃，市廛相比栉。蒲芦尽斩刈，不使复萌蘖。
> 蚊子无藏身，种类皆屏迹。至于莺湖滨，风景殊清绝。
> 近屯景幽旷，远山青巘嵲。莺燕互飞翔，鸥凫同出没。
> 卜筑居其旁，恍入清凉国。热气旺与衰，天心遵时节。
> 蚊子有与无，地运殊今昔。作诗溯其源，知非吾饶舌。
> 叹因吴融诗，不肯造吾室。

翁敏慧夏夜纳凉，首先感觉天气炎热，但并没有受蚊子叮咬之苦，这时自然联想到吴融与周永年关于平望蚊子的诗作与他亲历大不相同，对此他将信将疑。继而他认为前人关于平望蚊子的议论并非空穴来风。他回顾平望历史："平望在前朝，有水皆蒲泽。芦苇复丛生，蚊子为巢穴。"现在为什么少了呢？"后来居民蕃，市廛相比栉。蒲芦尽斩刈，不使复萌蘖。蚊子无藏身，种类皆屏迹。"最后总结为："蚊子有与无，地运殊今昔。"

从以上三首诗作的内容及成诗年代，可以看到平望蚊子的盛衰轨迹：唐代至明代，平望水乡是蚊子的天下，蒲泽芦苇是蚊子的巢穴；到了清代，随着农村小商品经济的发展，市镇迅速发达，芦苇斩尽，商家店铺林立，蚊子没了藏身之地，近乎绝迹。

平望蚊子盛衰史，庶几折射出平望市镇的发展历程。

太湖东南流域的河网密布地带,早在西汉时已有平望之名。翁广平在《平望志》中交代:"天光水色,一望皆平。此平望之所以名也。"相传隋唐时期,平望"淼然一波,居民鲜少"。唐时曾在平望建有驿亭,往来行客在此有了歇脚之处,人口稍有增加。

唐宋时期,平望开始小有名气,那也许是因为有几位大名鼎鼎的人物路过平望,挥洒笔墨,为平望作诗。这些诗作包括唐朝颜真卿的《夜泊平望送别》,宋朝苏舜钦的《邂逅刘公尤于平望之西联舟夜语走笔叙意》、杨万里的《平望夜景》、范成大的《过平望》。

北宋时期,在号称"富庶甲于天下"的东南地区,平望之地虽小,却也成为大商巨贾贩运货物的路经之地。为保证行旅安全,北宋熙宁年间在平望"置军垒以儆寇盗"。南宋政府偏安江南,平望因地处三辅要冲而受到重视。南宋政府"诏以重臣镇之",使平望旧貌大为改观,成为重要的军事戍镇。

江南地区不少历史悠久的传统市镇,如乍浦镇、澉浦镇、长安镇、硖石镇、乌镇,其渊源都可以追溯到军事戍镇。在唐、五代和两宋时期,它们大多是以军事职能为主的军镇。但随着历史的发展,这些市镇到明清时期都转变成以经济职能为主的农村商业市镇。平望也是这种类型的江南市镇之一。

明朝初年,平望作为四通八达的交通枢纽,"地方三里,居民千家，百货凑集，如小邑然"，俨然一个小城市。到明中叶，平望已经十分发达繁荣。不过，明朝嘉靖年间，平望遭遇水灾，继之倭难接踵，祸不单行，以致人烟疏散，桑田抛荒，居舍离弃，平望一度衰败。后来地方太平，人们又聚拢于此耕田种粮，栽桑养蚕，商品交易再度恢复。到明朝万历年间，平望已经名震一方，成为"吴江巨镇"。

随着周围农村经济的持续发展，到了清代，平望镇已经是"居民数千家，物产毕陈，商贾辐辏……地虽一隅，可与通邑大都等量齐观也"。也就是说，到清代，平望已经发展成为江南地区太湖流域水网地带一个小商品经济发达的农村市镇。

作为江南农村地区一个发达的小商品市镇，平望镇早已芦苇尽斩，店铺鳞次栉比，远非当年"淼然一波，居民鲜少"的景观所可比拟。平望的蚊子，由于失去了早年滋生繁衍的大环境，也就自然而然地由盛转衰，近乎销声匿迹了。

总之，关于江南地区市镇的起源，归纳来讲：

第一，就其一般性而言，农村地区市镇生存和发展的基础，是农村经济，是在中国延续了几千年的个体经营生产方式。这种个体经营生产方式，是以家庭为生产经营的最基本的单位的。也正是由于农村经济生产的这种个体性，才需要有一个集中交流的市场，这就是市镇。

图 16　平望镇古运河河道一瞥

第二，如果就其特殊性而言，江南地区市镇网络分布之密集，市镇商品交换活动之兴盛，明显超过全国其他地区。因为在江南地区，农户的生产经营已经超越了传统意义上的自然经济，商品交换在农民的生产与生活中已经不只具备辅助地位，而是具有了相当的主体性。他们种桑、缫丝、植棉、织布，并不只是为了自家消费，而主要是为了生产用以交换的商品；他们拿着这些商品从市场交换回来的，已经不再只是食盐，或者是少量的补充性生活用品与生产资料，而是粮食等基本生活资料，有时还包括一定数量的桑叶、棉花等生产原料。

这才是江南之所以成为江南的特殊之处。

那么，明清时期超越了常规自然经济水平的江南农村经济，又会对当地市镇的网络分布与镇区格局，产生哪些具体的影响呢？

三、十里桑阴水市通——结构布局

>君到姑苏见,人家尽枕河。
>
>古宫闲地少,水港小桥多。
>
>夜市卖菱藕,春船载绮罗。
>
>遥知未眠月,乡思在渔歌。
>
>——[唐]杜荀鹤《送人游吴》

明清时期江南市镇的网络分布与镇区格局,都与这一地区的河道水系密切相关。

(1) 网络布局

二十多年前,笔者曾无数次穿行于江南地区各个市镇之间。当时乡村交通已经主要用中巴车。开始的时候,我对各地主要市镇相互间的距离之均衡,很是困惑。几乎车行半小时就会来到一个大市镇，车费也一样，上车就是两块钱。心想：它们相互间的距离为什么都是差不多的呢？后来才慢慢明白，江南市镇网络分布的这种规律性现象，是受着地理条件与经济功能的制约形成的。

先让我们大致纵览一下明清时期江南市镇分布的概貌。

就自然地理区划来说，一个有意思的现象是，这些发达的江南市镇大都环列于太湖东南流域，那正是太湖流域水网发达地带。

也许可以这样认为，在某种意义上，因东南地势低，太湖水顺势流淌，在太湖东南流域形成了发达的水网地带，才孕育出发达繁荣的江南市镇。

从太湖以东，经太湖东南一直到太湖以南，在这片水网地带上，众多江南市镇星罗棋布，呈扇形分布。

由近及远来看，太湖以东主要有光福镇、木渎镇、同里镇、黎里镇、周庄镇、甪直镇、芦墟镇、罗店镇、南翔镇、真如镇等；太湖东南主要有平望镇、盛泽镇、震泽镇、王江泾镇、西塘镇、新塍镇、枫泾镇、魏塘镇、濮院镇、王店镇、沈荡镇、硖石镇、澉浦镇、乍浦镇等；太湖以南主要有南浔镇、双林镇、乌镇、菱湖镇、新市镇、塘栖镇、长安镇等。

就行政区划来说，这些市镇主要分布在今天的上海、苏南和浙北杭嘉湖平原这三个地区。

值得注意的是，由于不同时期行政区划的不同，今天的有些市镇在古代是跨县、跨府甚至是跨省的。这种情形，也许从一个侧面表明了，江南市镇的存在与发展，与行政因素没有必然的联系。

南翔镇、罗店镇、真如镇、枫泾镇等在今上海市。其中枫泾镇在明代分属二省二府二县管辖，北属江苏省松江府华亭县，南属浙江省嘉兴府嘉善县，是一个跨省、跨府、跨县的市镇。

木渎镇、周庄镇、甪直镇、芦墟镇、黎里镇、同里镇、平望镇、盛泽镇、震泽镇、王江泾镇等在苏南地区，在今江苏省。

在浙北地区杭嘉湖平原，明清时期，塘栖镇属杭州府，王店镇、硖石镇、长安镇、澉浦镇、乍浦镇、魏塘镇等均属嘉兴府，乌镇、南浔镇、双林镇、新市镇、濮院镇、菱湖镇、石门镇等则属湖州府。其中乌镇在明清时期是两个市镇，以车溪为界，西边的是青镇，属浙江省湖州府乌程县；东边的是乌镇，属浙江省嘉兴府桐乡县。石门镇在明初一分为二，东属桐乡县，称石门市；西属崇德县，称石门镇。

当然，江南市镇密集分布在太湖东南流域，并不意味着仅限于这一地理范围之内。由于前已说明的本书对江南地区的指称，整个太湖流域地区以及浙东宁绍平原地区都有市镇存在，如柯桥镇等，这些市镇也都是我们探讨的对象。

许多市镇跨府连县的现象，说明它们的区位更多地依凭于地理条件，而不是行政区划。这种地理条件就是河网水系。

唐人杜荀鹤那首传诵千古的《送人游吴》诗所描写的，"君到姑苏见，人家尽枕河"，将江南地区聚落分布与其地理背景的关系一语道破。唐宋以来，被沈括描述为"皆泽国"的江南地貌，经过这个地区人们数百年的整治，已经被改造成了由稠密河网水系分割的平原水乡，港汊纵横尽水乡。河网水系好比江南平原的经络系统，将四面八方都连接到了一起；轻舟快船，既是地区内部交流，也是与外界交流的主要手段。正如民国《嘉兴新志》所称，城乡交通"以水道为主要，陆道为辅"。

如果说普遍而言市镇是"星散在无数乡间小道上的关节点，其作用主要是打通各目的地之间的物资交流"，那么具体就江南河网地区的市镇来说，它们就是"星散"在稠密的河网水系关节点上的商业性聚落。

那么，江南河网水系上的这许多关节点，它们的结构到底如何？或者说，它们之间的相互位置和关系究竟是怎样的呢？

20世纪30年代，有一位德国地理学家，名叫沃尔特·克里斯塔勒（Walter Christaller），他曾经提出了一个后来在人文地理学中影响深远的假说"中心地理论"。中心地理论的基本观点是：城镇是人类社会经济活动在空间的投影，是区域的核心。城镇应建在位于广大乡村中心的地点，起周围乡村中心地的作用；中心地依赖于收集、输送地方产品，向周围乡村人口提供所需货物和服务而存在。

克里斯塔勒认为，不管人类经济活动的地理单元小到何种程度，它总是处于不均衡状态，在空间分布上永远存在中心地和外围区的差异。因此，中心地有大小之分。较小的中心地，供应的商品和提供的非生产性服务，无论是数量还是种类都较少，其外围区的范围也相应较小；较大的中心地，提供的商品和服务的数量、种类则较多，其外围区也较大。总之，中心地的等级越高，所提供的商品和服务的数量、种类就越多，其外围区也越大。

中国农村传统市镇的布局具有一定的规律性。大大小小规模不一的市镇，由于商业经营结构以及辐射能力的不同，因而具有一定的级差区别。20世纪60年代以来，克里斯塔勒的中心地理论被应用到历史城市地理和以中心城市为核心的区域经济领域。在这方面影响最大的当推美国人类学家、历史学家施坚雅（G. William Skinner）教授。施坚雅根据克里斯塔勒的中心地理论，来分析具有一定级差区别的中国市镇结构，他提出了关于中国19世纪晚期八个层次的经济等级结构的假设。在他的这八个级差假设中，最基层的三个级差，即第六级至第八级，分别是中心市场、中间市场和基层市场，这些正是位于农村地区的市镇。

其他学者也曾提出过类似的级差区分，如按规模大小分成省城、府城、县城、镇市、定期集市五等。所用语词或许有所差别，但都是试图从市镇的级差现象中归纳出一些抽象的概念。

明清以来，除去县城一级的城镇，在江南地区，市与镇之间的区别淡化，"市镇"一词日渐成了农村市场的通称。不过，许多地区在习惯上仍然将商业兴旺繁荣的市场称为镇，较次者称为市。从这个角度看，把作为农村地区商业据点的市镇，划分为基层市场（市）与中间市场（镇）这样两个级差，再加上州县的中心市场，共三个层级，也许是符合实情的。

江南农村地区遍布着这种一般称为"市"的基层市场。它可以是定期集市，也可以是村市，就是仅供附近农户交换一般生产生活资料的乡村小市场。

比基层市场稍高一层次的经济地理单元的中心地，就是作为中间市场的市镇。它提供的商品与服务，其数量和种类比基层市场多，它作为中心地的辐射面即外围区也较大。它的外围区往往包括若干个基层市场。市镇介于农村最基层的市场与县邑市场的中间，是农村中能够直接与县邑市场相联系的商业中心。我们前面提到的那些比较著名的市镇，往往就是中间市场。它们也就是本书讨论的主题。

那么这些作为中间市场的市镇，其分布有什么规律？为什么会存在笔者起初感到困惑的各地市镇相互间距离均衡的现象呢？

原来，这主要是受交通条件制约的。一般讲，市镇周围村落的农民平日赶赴集市，天亮之前出门，七八点钟就要赶回田间干农活了。要他们牺牲半天甚至一天的农活时间，往返几十里到更大的市场也就是县城、府城去，只能是偶尔为之的事情。农民撑船来回镇上的合适距离，单程大致15里，行船约一小时，来回正好在30里左右。这样，来回行船与在镇上买卖的时间，在三四个钟头之内。于是一个中间市场商业影响范围的直径，以及两个中间市场相互间的距离，也就正好30里左右。江南民众称市镇的这个影响范围为"乡脚"。当然，市镇30里左右的乡脚范围，是就其最外围的村落而言的，距离近一点的村落仅三五里地，农户赴市不过十几分钟或者半小时的路程。

在每个作为中间市场的市镇的乡脚范围之内，还存在着为数不等的村落小市场，供应村民们日常必需的油盐酱醋等，为村民们提供生活方便。不过，这类村店对邻近地区没有什么辐射能力，所以不能成为中间市场。

如果两个中间市场相互间距离太远，不便于周围农户赶集，不多久在两镇中间就会形成一个新的市镇；如果两镇相距太近，相互就会有竞争，慢慢地，其中一个市镇的生意就会冷清下去，从中间市场退化为基层市场，变成村落小市场。

上面的这些分析，当然只是学者们抽象化的归纳，真正具体决定农民去赶赴哪一个市镇的市场，还会与交通、习惯、民情等多方面因素相关。因此作为中间市场的市镇的实际分布，不可能过于整齐划一，但也不会过于偏离上面分析的规律。

民国初年嘉兴境内十几个中间市场分布的情况，相当典型。在其北部，由于受湖荡阻隔，王江泾、南汇、油车港等几个市镇相互间的距离就比较近；同时，王江泾、新塍、濮院、王店、新篁、新丰等几个大镇，几乎等距离地绕着嘉兴府城形成一圈，它们相互间的距离都差不多。

江南其他一些名镇相互间的距离，如王江泾镇与盛泽镇、南浔镇与震泽镇、王店镇与硖石镇之间，都在二十里上下，相对近一些；盛泽镇与震泽镇、濮院镇与乌镇之间，三十里左右，比较"标准"；长安镇与临平镇、南浔镇与乌镇、濮院镇与石门镇之间，则都有三十五六里，相对略远。这就是笔者当年上了中巴车，都是花两元车钱从一个镇来到另一个镇的原因。

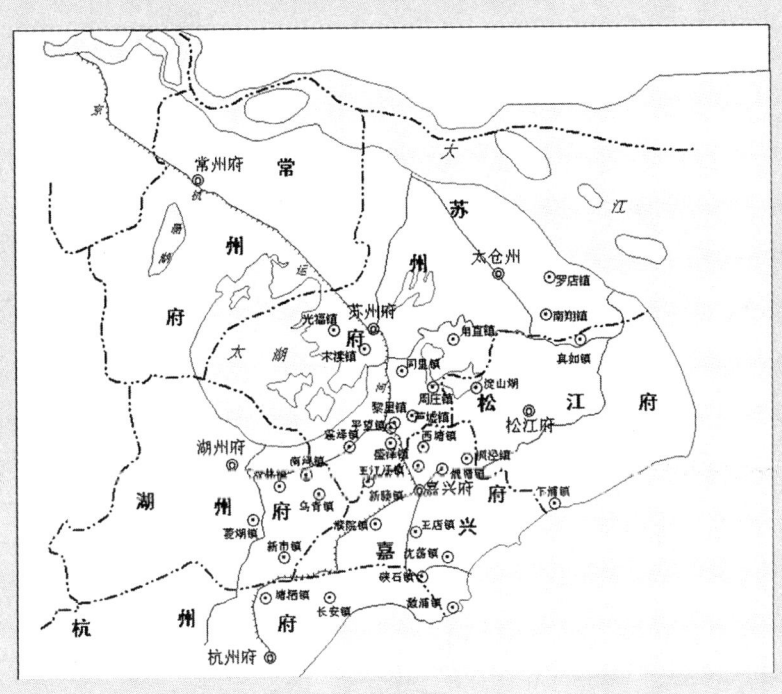

图 17 近代太湖流域水网发达地带主要市镇分布图

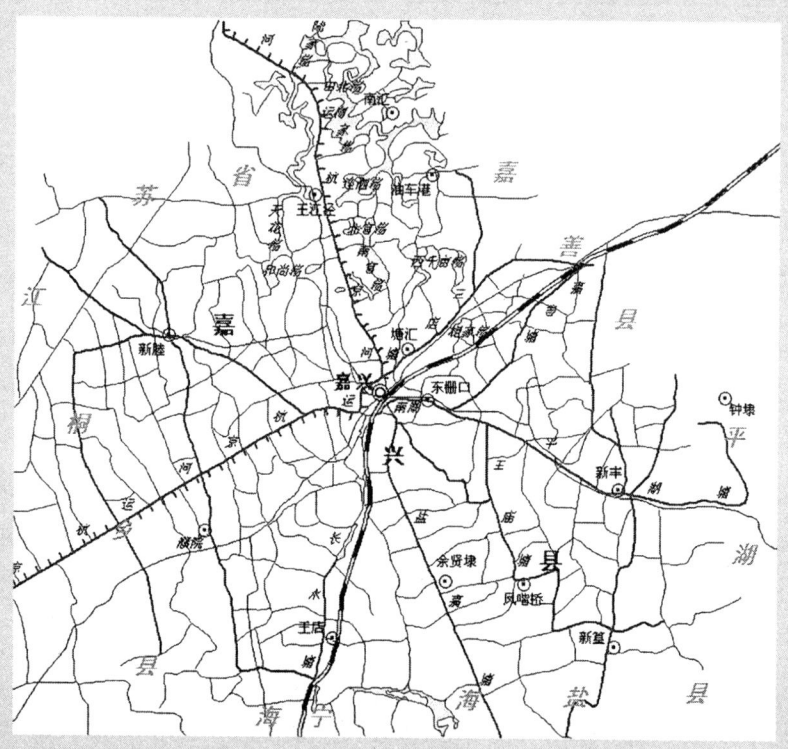

图 18 民国初年嘉兴境内中间市场分布图

明清时期，众多"十里桑阴水市通"的名市大镇，与"几家篱落傍溪居"的乡间小聚，大珠小珠般散落在江南平原，有规律地分布在河道水系间，点缀着那一方乐土，构建起了一个完整的商业聚落网络。

（2）镇区布局

"人家尽枕河"的江南市镇，既由河道水系规范着它们的分布，也由河道水系决定着每一个镇区的具体形制特征。

当然，江南地区的范围广大，其中心地带是河网稠密的太湖东南流域和浙北杭嘉湖运河流域，而江南边缘地区则多为港湾、海塘、溪滩、丘岗等，河网水系不够发达。因此，江南中心地带的市镇与边缘地区的市镇，在镇区形制上存在着一些差别，两者不能相提并论。

下文将集中着眼于近代江南河网稠密的中心地带，即习惯上所说的江南水乡市镇。这一带典型的江南水乡市镇，以清丽优美著称于世，历代文人骚客对之吟咏赞叹不绝，至今仍留下众多美丽的人文景观，引起世人普遍关注。这些市镇的镇区形制有一些共同的特征。

人类的生活离不开水，自古至今都是如此。最初，人们就居住在离水源最近的地方。如果有一条河流,久而久之,河流的两岸自然就会慢慢汇聚起人们。河流,不仅能解决人们的用水问题,而且还可以提供便利的交通。

江南地区,河网稠密,港汊纵横,四通八达,水运便捷,因此,舟楫一直是当地主要的运输工具,城乡交通以水道为主,陆道为辅。市镇,作为农村商业中心,都设在河流要冲边上,就是因为可以借用交通运输的便利条件。

江南市镇与河网的这种依存关系,也决定了它们的形制特征,如果用简单的一句话来归纳,那就是因河设市、夹岸成市。镇区布局完全依照河流的走向伸展。

尤其在太湖周边一些比较低平的地区,乡村农田是近千年来不断用圩堤—岸沟的方式开发形成的,河道曲折,很难说有什么规律性,依河流而形成的市镇镇区也常常依河流的不同走向而不尽相同。不过,大体归纳起来,比较多见的有以下几种形态:

一字形或带形:市镇沿一条主要河道直线伸展而成,河道两边夹岸成市,构成一字形或带形的镇区形态。

这种类型在江南地区比较多见,如嘉兴县王江泾镇,在明末就有直线形的五里长街。这是规模较大的一字形市镇。

规模较小如桐乡屠甸镇,依河成市,中段虽有寂照、石泾两寺,使镇区向南北两边扩展,但与商业活动无关。清代在市河的东西两端，各设有一个税收部门——厘局，可以视作一条直线形市街起讫的标志，比较典型。

崇德县高桥镇规模更小，也是一字形布局。

其他一些市镇，周边河流虽呈现多种形态，究其商业区分布，仍依一条直线状的市河而成，如吴江盛泽、嘉兴新塍等镇，都是如此。即便到了20世纪70、80年代，江南很多市镇仍保持着这种直线布局，如海盐县沈荡镇，依市河有港南、港北两街，如果忽略新建的永庆、永宁、宋坡等三条环镇公路不计，显然是一个典型的一字形市镇。

十字形：两条河流交叉成市，形成十字形市镇。

如吴兴县南浔镇，南北走向的市河与东西走向的苕溪构成十字形状，两河对岸都形成了商业街面，比较典型。浙东地区绍兴柯桥镇形状与此类似，依南北走向的市河与东西走向的浙东运河，构成十字形镇区。此外，如海宁丁桥镇，也是十字形镇区。

比较特殊的是位于桐乡与吴兴两县交界处的乌镇。从平面图看，它是一个典型的十字形市镇，南北略偏东西走向的有苏杭大运河，东西略偏南北走向的有两条市河，夹岸为市，规模宏大。十字形的交叉点，就是热闹非凡的商业中心。但由于运河过于宽广，中间仅设一桥，东西间来往不便，相对独立，因而总体上说是十字形巨镇，但具体分析，运河两岸又可分为两个丁字形市镇，而且在地方行政区划上，也一向分属两地，乌镇隶属于湖州府乌程县，青镇隶属于嘉兴府桐乡县。清人施曾锡在一首《双溪竹枝词》中写道：

> 苕溪清远秀溪长，带水盈盈汇野塘。
>
> 两岸一桥相隔住，乌程对过是桐乡。

民国时期的陈世采在《双溪棹歌》中也有描写：

> 双溪环合一河通，西岸乌程东岸桐。
>
> 只有儿家无系着，船头随意泊西东。

所以也有学者将它归纳为双体市镇。这两个市镇的行政区划直至 20 世纪 50 年代后期才并归桐乡县一处，镇的名称也慢慢地将"青"字省略掉，直接称乌镇了。

丁字形：在一条直线市河中段分出另一条市河，互相间形成直角丁字形状。嘉兴王店镇可以说是典型的丁字形市镇。王店镇的一边是南北走向的大运河支流长水塘，沿塘河西岸形成一定规模的街市；另一边是东西走向的梅溪，即市河，与长水塘形成丁字形状。梅溪两边夹岸成市，是王店街市的主体。此外，上面所说乌镇，实际上就是由分别位于运河东西两岸的乌镇与青镇两个单独的丁字形市镇所构成。

环状：太湖—运河流域，随着自两宋以来圩田的开发，形成了许多环状河道，不少市镇即位于这些环状河道中间。街市虽不一定形成完整的环状，镇区平面布局的环状特征却十分明显，是比较多见的市镇镇区形制，如嘉兴县洲钱镇，周围环绕着水，形状像钱币一样，所以得了"洲钱"这个名称。此外，吴江同里、松江枫泾、嘉善斜塘、德清新市、桐乡玉溪等镇，镇区也呈环状。

其实，除了这四类之外，市镇镇区还有不少呈其他形状，不容易以几何图形来比拟，有学者认为还有带形城镇、星形城镇、团形城镇、双体城镇等形制。

不管学者们如何用学术语言来描述市镇的分布与形制，在江南地区，直至今天，如果你沿着一条通港大河向前行进，总会来到一处比屋傍河开市肆的名镇，是不会错的。

那么，明清时期的人们是坐着什么样的船只到那些市镇上去的呢？

图 19 （民国）乌青镇市街图（总体看，乌青镇构成了一个巨大的十字形镇区；但由于运河过于宽阔，乌镇与青镇并未融为一体，所以两镇均沿市河及运河构成丁字形镇区）

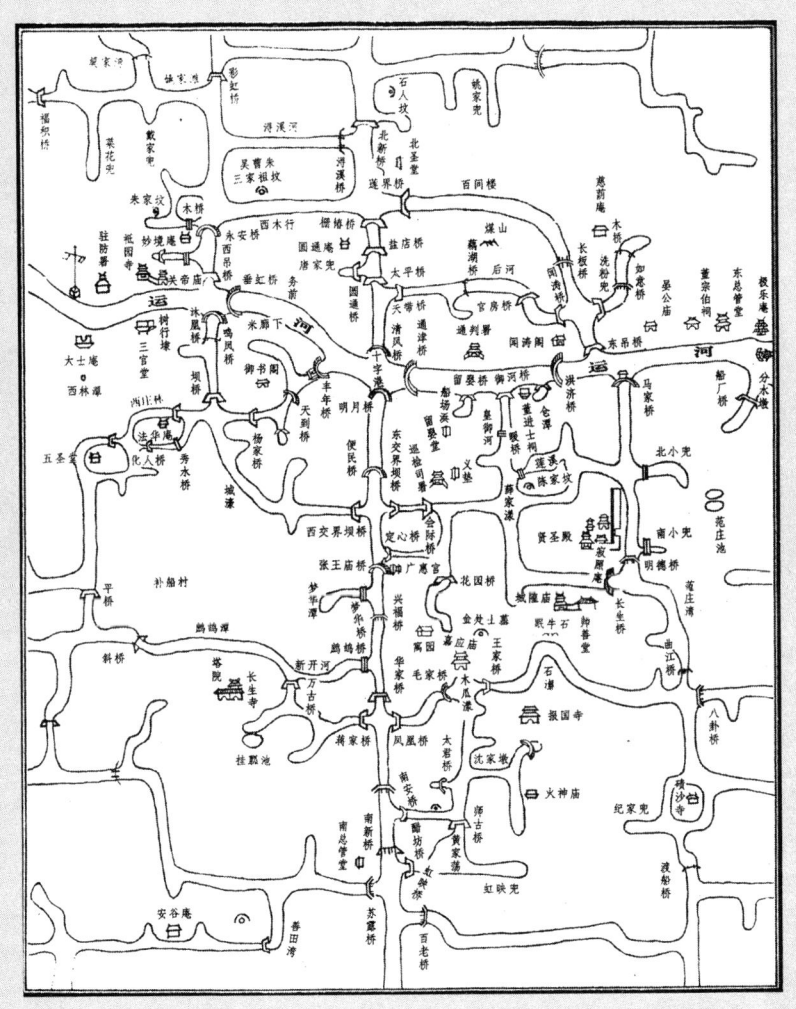

图 20 南浔镇区图[《咸丰南浔镇志》附图,虽然河汉交横,体现了明显的圩田地区特征,但沿着纵向的浔溪(市河)与横向的荻塘运河构成的十字形镇区仍相当典型]

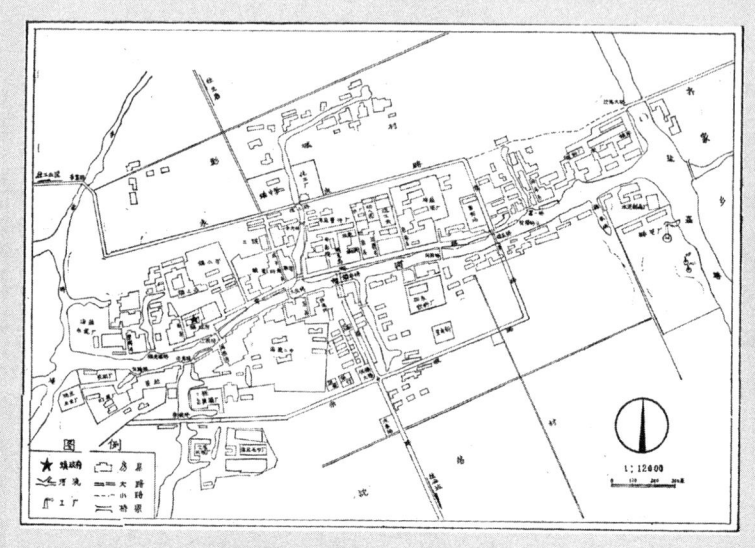

图 21　沈荡镇平面图（沈荡镇是典型的一字形镇区）

图 22　沈荡镇鸟瞰

四、轻舟日日往来频——水网交通

> 月落乌啼霜满天,江枫渔火对愁眠。
>
> 姑苏城外寒山寺,夜半钟声到客船。
>
> ——[唐]张继《枫桥夜泊》

那么,明清时期的人们是坐着什么样的船只到市镇上去的呢?

(1)传统水运

提到江南市镇,映入人们脑中的一定是"小桥、流水、人家"的传统人文景观。

我国向来称南船北马,这当然是南北方的地理、气候等自然条件的差异造成的。北方的大道上行走着马匹、驴子和骆驼,作为主要的运输工具。南方的畜力则基本不用于运输。特别是在江南地区，河道才是最主要的运输通道。尤其在河网密布地区，交通几乎全赖船运。江南民间咏叹水乡交通的诗歌优美而不胜枚举。单看南浔镇，就有宋人沈与求《舟过荻塘》，元人戴表元《东离湖州泊南浔》，明人文徵明《夜泊南浔》，清人吴绮《南浔泛舟》、鲍轸《南浔小泊》、范来庚《荻塘帆影》等，生动描述了"飞飞帆影度苍茫"的江南水乡景象。明人周鼎描绘西塘晓市景象是"旭日满晴川，翩翩贾客船"（《西塘晓市》）。清人吴绳基描写新市镇"轻帆十幅挂斜阳，远客停舟水一方"（《新市杂诗》）。这些诗句，仿佛让后人看到了当时水乡市镇船来帆往的热闹景象。

正如鱼儿离不开水一样，水乡居民自然也离不开船。让我们以杭嘉湖及宁绍平原河网地区，即浙北平原为主要关注对象，来具体看一下水乡的船运交通。

杭嘉湖及宁绍平原河网地区的范围，大致包括民国初年行政区划中的嘉善、嘉兴、平湖、海盐、海宁、桐乡、崇德、德清、武康、吴兴、杭县、余杭、萧山、绍兴、上虞、余姚、慈溪、鄞县、镇海等十九个县区，面积约有12500平方公里。周围经济背景与交通条件状况相近的，有浙东的曹娥江水系及甬江水系河谷平原，它们在江口部分都与宁绍平原相连，交通发展基本与浙北平原同步。

杭嘉湖地区

杭嘉湖地区属太湖南岸堆积平原，以太湖为中心呈浅碟形。杭嘉湖的交通以东北—西南走向的江南运河为干线，从江苏南部到杭州，有三条主要的航道：第一条是江浙航道的东线，也是主航道，从江苏平望镇经嘉兴、崇德、塘栖至杭州；第二条是中线，经乌镇、练市、新市、塘栖至杭州；第三条是西线，经江苏震泽、湖州、菱湖、德清至杭州。其中从德清县武林头到杭州这一段河道是东线、中线、西线三线的共同段。

这些交通干线不仅联系着江浙两省，还转道长江，使浙江与全国联系了起来。近代上海崛起后，更通过上海加入世界贸易体系。

此外，各县区之间还有一些重要河流，如流经余杭、德清、吴兴的东苕溪，吴兴的运河（荻塘），嘉兴的新塍塘、盐嘉塘，嘉善的芦墟塘，桐乡的白马塘，等等，大都河道开阔，有很好的航运条件，可常年行驶一定吨位的船只，是各地互相交通的要道。在由这些交通干线分割的各小区域内部，支流小港密布，河网密度高达 12.7 公里/平方公里，为全国平原之冠，每一个村落都可以通过水道与更高一级的聚落相联系。由于地势低洼，水源充沛，一般不会出现航道干枯问题，但常有内涝之忧。这一区域传统的市镇以商品化农业经济为依托，位于由各主要河道分割的小区域中心，形成相应的中间市场圈，市镇极为发达，互相间的距离均在二三十里，无论是市场圈内部还是其与外部的联络，都靠水运。

宁绍平原地区

宁绍平原的主要河道均发源于会稽山脉和四明山脉，所以原始河道呈南北流向。经历代筑塘垦海，沿海塘又形成了一些东西走向的河流，与原始河道相交叉。此外，还有经历代整治而形成的浙东运河，横亘宁绍平原，成为这一区域的交通干线。

总体说来，宁绍平原的水道，由于出海方便，加之水位变化大，汛期上游山洪暴发，下游成灾，若夏秋季连日无雨，温度高，蒸发强，又常有河道干枯之忧，因此河道分布不如杭嘉湖平原密集，水运条件略逊于杭嘉湖平原。但河网地区特征仍十分明显，内河水运为本区交通运输的骨干。此外，以宁波、镇海等地为中心的海上交通也十分发达，使本区借以联络其他经济区域。市镇多依东西走向的交通干线分布而呈线状，其中不少仍处于定期集市阶段，与杭嘉湖地区略有不同。农业向以稻米生产为主，从 19 世纪初起，由于国际贸易需求的刺激，棉花与蚕桑生产迅速扩大，并促使市镇结构产生相应的变化，一批新的中间市镇因此崛起。

江南水乡市镇的交通，无论是市镇与市镇之间、市镇与县城之间、市镇与乡村之间，还是市镇内部，都仰赖河道交通，借助舟船之便，沟通客货往来，商贾贸易，四通八达。多少年来，江南水乡市镇就是这么生存与发展过来的。

江南水乡遍布纵横交叉的河流，这些河流构成的小区域，往往就是农村地区一个中间市场的范围。方便的船运工具，使得市镇既可利用支流港汊将商业向周边二三十里范围内的农村辐射，从而形成一个个中间市场圈，又可通过干流大港与县城一级的中心市场及都市一级的区域市场相联系。

江南水乡无论货运或客运，都依赖水路，比如浙西销售的大米、小麦，就是用船运载的：往往是先用航船及小船，由乡村运到城镇；再用较大的民船，由城镇运到繁盛的商埠。浙东河道不如浙西稠密，但凡有溪河之处，即可用船运送粮食，而在行船条件略差的地方，少数无溪河地段就补充陆运，主要是以人力用扁担挑运。

江南水运的费用是很低廉的。著名社会学家费孝通在他的《江村经济》一书中谈到，划船所耗的力量并不与船的载重量成正比，而是与水流、风向等情况密切相关。所以载重增加时，运输的费用就降低。如果船夫能够利用风向，距离只是一个时间问题，而不是花力气的问题，这样，费用就可进一步减少。这是水运的一个重要特点。这就有可能使一个地区的建筑集中在靠河边的位置。它也使分散的农田占有制成为可能。此外，水运在市场贸易中的作用也影响了流通系统。

水上客运更是普遍现象。由于江南市镇"依河设市，夹岸为街"的普遍现象，沿河居民几乎家家屋后都带有一个河埠头，那不就是一个个小码头吗？小船来往很是方便，亲戚串门喜欢"走后门"，因为可以摇着小船直接来到后门口。

费孝通还记载，20世纪30年代的江苏省吴江县震泽区开弦弓乡，每个村子都有自己的航船，充当村民到镇上的市场出售或购买物品的工具。正是这些每日往返于乡村与市镇之间的传统航船，保证了乡民们最基本的日常生活需要。

除营业性航船外，乡镇农民大多自备小舟，将自产的农产品从乡下运往城镇，再从城镇运回所需物品，城乡之间这种往运船只数目，多得难以统计。例如当时浙江省湖州南浔镇，无名的乡下航船几近千数，来往时间不定。正是这些无名的乡下航船，维持着南浔与其腹地小集镇的联系。当地方经济兴盛之时，这种乡下航船也常常调整，扩大航班。

当然，农村人户能自备船只的，尽管总数可观，但比重极小，拥有船只的大多是有钱人家。因此，农村市镇中发展起一种专门以木船供人临时租用的行业——船场，这种船场直到民国时期一直存在。

据王店镇姚氏船场后人介绍，所谓船场，不是一个专门组织的单位，而是指一户一户的人家，王店镇上共有十几户人家，每个船场拥有多则二十几条、少则几条的船。这些船都是由每户自己造、自己修，用来出租的。大的船位有十几吨，小的船位也有二三吨。前来王店镇租船的，大多是周围村落的农民，所以农忙时节常常是租船高峰期。镇上居民租船则主要用来办丧事，以及运粮、搬家。租船者与船场人家关系比较密切，因而船场的固定主顾较多。租船时间多为一两个星期或几天，也有租两三个月的，但较少。租船范围为方圆十几里地，也有二十几里地的，但较少。

在江南地区繁忙的河道上终日航行不息的船只，大小样式、用途与名称各不相同，下面做一些介绍。

明末宋应星在他著名的《天工开物》中，介绍过明代的十几种内河船舶，其中涉及江南地区的有"江汉课船"、"三吴浪船"和"东浙西安船"三种：

江汉课船，船身狭长，船上有舱房十余间。首尾共设六桨，竖一桅。顺风悬篷，一昼夜可行四百余里。逆水行舟时，如果多桨并用赶路，一昼夜也可上行百里。此船往返于汉水与长江中下游，西起湖北境内，东至长江下游南北两岸的瓜州、镇江，属江南地区的边缘地带了。来往客商大多雇乘此船。官府也往往用这种船运送盐课及税银，所以称为课船。

三吴浪船，以小巧取胜，数以万计。江浙一带河道纵横，但水浅湾多，小小浪船正好大显身手。浪船的材料大多采用杉木。船上建舱房，既可乘人，也可载货。由于船体小巧，载货不能偏重一侧，所以也俗称天平船。船尾设巨橹一支，两三人推轧前走。小小浪船可以走得很远，一般用于北上，经运河可到淮安，甚至到天津、通州。浪船虽小，名气却不小，因此被记载到《天工开物》中。

东浙西安船，从浙江常山、开化、遂安等小河起，到钱塘江止，其航行区域在新安江上游至钱塘江之间。船上以箬篷为上盖，缝布为帆，帆高二丈余。

到近代，江南河道上每天川流不息行驶的船只种类更多。比如说，根据动力来源区分，主要有两种类型，一是以人力行驶的航船，一是以人力与风力相兼的帆船。

再如，根据舟船规模大小，大的有沙飞船，最小的有满江飞。

根据用途区分的船名更多。例如，船头可架戏楼演戏的船，称为楼船，也称大船。如果是用来婚礼迎娶的，称为迎船。市户收租用的船，称为租船，也称账船。妇女售珠宝携一竹笼，所乘之船叫作笼子船。装载货物的船，大而有棚的叫作装船，小而无棚的叫作驳船。农家有田装船，渔家有渔船，载客装货往来近处各城市乡村的叫作航船。吴江芦墟镇一带供人包租使用的，称芦墟船。江北流民以船为家，称为箬包船，俗名倒撑船。载客小舟有的船身长不足一丈，只能乘坐几个人。但来往船只很多，客运还是很方便的。

近代画家丰子恺《塘栖》一文这样描写他家乡桐乡石门镇一带的"客船"："客船是我们水乡一带地方特有的一种船。水乡地方，河流四通八达。这环境娇养了人，三五里路也要坐船，不肯步行。客船最讲究，船内装备极好。……这种船真可称之为画船。这种画船雇用一天大约一元。（那时米价每石约二元半。）我家在附近各埠都有亲戚，往来常坐客船。"

江南各种民船中，最有名的也许要数绍兴的乌篷船。乌篷船几乎已经成了绍兴地方文化的象征。这不仅是因为乌篷船历史悠久，也不仅是因为今天人们依然可以在绍兴的小镇诸如安昌古镇见到和乘坐乌篷船，更是因为历史名人留下的笔墨。"船头一束书，船后一壶酒。新钓紫鳜鱼，旋洗白莲藕"，这是宋代诗人陆游在古鉴湖的闲情。近代以来，绍兴作家周作人写有《乌篷船》一文，谈他家乡的船。这种乌篷船，船尾一般用两支橹，船首则有竹篙，用以定船。乌篷船在周作人的笔下至今活灵活现："小船则真是一叶扁舟，你坐在船底席上，篷顶离你的头有两三寸，你的手可以搁在左右舷上，还把手都露在外边。在这种船里仿佛是在水面上坐，靠近田岸去时泥土便和你的眼鼻接近。""夜间睡在舱中，听水声橹声，来往船只的招呼声，以及乡间的犬吠鸡鸣，也都很有意思。"江南水乡普通的实用的小舟，经文人生花妙笔的挥洒，竟也变得极富情趣。

以上林林总总的传统的船只，一般统称为木帆船。从另一角度区分，更分为帆船与航船。帆船主要用来运送货物，吨位大的风帆可多至七八桅。航船主要从事客运，有基本以客运为主的航船及绍兴快班船，称为航快船。

绍兴快班船的出现，是在 19 世纪 60 年代后期，也就是太平天国失败后。当时江南部分地区如杭嘉湖平原等，由于人口损失，外地人口迁入，出现一场不小的区域性移民运动，大量浙东人口迁居杭嘉湖，其中就有绍兴地区的不少船民。于是，杭嘉湖平原开始普遍出现专供客运的绍兴快班船。之所以称为快班船，是因为这种船的速度要比原来杭嘉湖一带行驶的航船快一倍左右。原来的航船用一支橹，而绍兴快班船的船身狭小，用四支橹、两支桨，所以就快得多了。

图 23　市河上的乌篷船（安昌镇）

图 24　浙东运河上的古纤道

绍兴快班船的出现，也预示着江南地区交通将慢慢进入一个全新的时代了。

（2）近代变迁

中国社会进入近代以来，近代交通工具开始出现。这些近代交通工具不外乎人们所熟悉的几类：飞驰在铁轨上的火车，奔跑在公路上的汽车，以及行驶在水面上的轮船。当然，近代交通工具中还有一个佼佼者：翱翔于天空的飞机。不过，对当时江南市镇的民众来说，飞机还只不过是一个能够作为人们茶余饭后谈资的绝对奢侈的玩意儿。真正开始慢慢影响到他们的生产与生活的，是火车、汽车和轮船。

火车

火车，是近代交通工具的代表。在江南大地上的杭嘉湖及宁绍平原地区，1909年，沪杭铁路建成通车；1913年，曹甬铁路宁波至百官段铺轨通车。这两条铁路以杭州为中心，北通全国经济中心上海，东从曹娥连接宁波。钱塘江两岸，是全国最早建造铁路的地区之一。

铁路运输，比起江南地区传统的水运，具有方便快捷、运输量大的优势，是一种省钱的运输方式。因此，沪杭、曹甬铁路的建成，促进了当地客货运输，与传统水运形成竞争。

比如，杭州市的商业中心一向位于城北运河码头所在地拱宸桥一带，现在由于铁路交通方便，就移向了更靠近铁路车站的城内。沪杭间一向很发达的船运公司，由于铁路部门的竞争，特别是在客运方面开始衰落。

处于沪杭线中间的嘉兴，也因为铁路运输之利而成为区域交通中心，附近各县客货多经嘉兴中转，嘉兴一地出现贸易连年盈余的情况。杭嘉湖平原各地人员北上，不少人转道赶乘火车，所以各地班船都有专接杭嘉等地火车的班次。

曹甬铁路对宁绍地区客货运输也有较大影响。当时余姚、慈溪一带的棉花，以及新昌、嵊县一带的茶箱，大多经火车转至宁波由海道输出。旅客也多由曹甬铁路各站汇集宁波，再坐船前去上海等地。

铁路的建成，不仅便利了本地客货输出，而且也为近代工业品从上海等工业中心源源不断输向杭嘉湖、宁绍地区提供了方便。杭州、嘉兴、宁波等地，更成了周围市镇批发外来货物的中心。桐乡县的商品，如木料、裹饼、米、绸缎、洋货、药材、纸货、广货等等，都是由上海、嘉兴、杭州运来的。当时经铁路输入杭嘉湖、宁绍地区的近代工业品，主要是以"五洋"为代表的日用品，即洋布、洋油、洋烛、洋火、洋皂，以及经上海中转的一些进口货物，如洋纸、洋米等。货物一般都用水运，但来自上海的货物不少则用火车运输，如当时杭州进口的洋米。又如，硖石镇的食米运输基本依赖水道，唯独上海洋米是由沪杭铁路运载来的。

由此可见，铁路在江南市镇与上海这样的全国大都会以及与杭州、嘉兴、宁波这样的区域市场或中心市场的联系上，起了重大作用。

不过，作为中间市场以及更低一级的基层市场的那些江南市镇，当火车如一道新颖亮丽的风景线掠过它们身旁，当市镇居民开始学习适应在夜晚火车隆隆有力的催眠声中进入梦乡的时候，火车究竟在多大程度上影响了他们的生活呢？

铁路运输种类，不外乎客运与货运两种。铁路在江南市镇首先和主要争取到的运输，是客运业务。

火车的方便快捷，有目共睹，众所周知。不过要知道，传统江南市镇的生活，一向不是快节奏的，也并不追求快节奏，而是有情有调的、优哉游哉的节奏。丰子恺在散文《塘栖》中写道："从我乡石门湾到杭州，只要坐一小时轮船，乘一小时火车，就可到达。但我常常坐客船，走运河，在塘栖过夜，走它两三天。"

毕竟，与火车票价相比，船票的价格要低廉多了。江南水乡人们还没有普遍过上富足的小康生活，付不起高昂的车费，而乘船的时间则有的是。小桥流水人家考虑的就是如此实在的事情，人人心里有本账。如果一般百姓出门乘坐火车，那么必定是出于长途旅行的需要，所以只是一种偶尔为之的生活行为。

当然，在江南市镇中，有那么一部分人，他们的时间观念要比一般人的强。因此，近代火车的出现，首先就吸引了这部分人。他们，就是江南市镇的商人。商人需要及时了解行情，把握商机，所以重视赶时间。比如西塘镇，在火车出现之前，由于水路关系，西塘与苏州的联系较多。自沪杭铁路开通后，西塘与上海的联系就多了。西塘人纷纷往上海等地当保姆，学生意。一般的情形是，商人到上海大多转道嘉善县城魏塘镇坐火车，小贩跑生意则坐夜班轮船，一个晚上就可以到上海十六铺码头。

但是，在江南地区的范围内，近代火车即便以客运业务为主，却主要因为火车票价高，难以吸引广大的旅客。而货运业务的量更少，造成当时的铁路运输一直未能发挥出它运输量大、运输效率高的优势。铁路运输在货运领域无法与传统水运相竞争。据调查，1934年嘉兴有近3万包干茧运往上海，但只有1%是由铁路运送，另外99%都是由水路用帆船运送的。这是因为火车运输比帆船运输费用高出了一倍多。蚕茧属于分量轻、价值大的货物，尚且由于运费因素的制约而绝大多数采用传统的帆船运输，可想而知，其他量重价轻的货物由铁路运输的比例自然更是小得可怜。

铁路货运量少的原因，一来在于铁路运输费用高，二来在于当时铁路运输的发展水平低，车辆的供给很不充分，并不是随时都有车皮可以装货，时间很难预期。

相比之下，传统帆船行驶速度虽然较慢，但可以随时起运，况且米谷、干茧之类不易腐烂的农产品，如果不用赶上海市价，迟一两天到达也无所谓。而且，在手续简便、服务热忱等方面，传统水运也都大大优于近代铁路运输。因此，根据统计，作为全国经济中心的上海，1934年从周围各地运送来的食米，由铁路运送而来的仅占总数的不到18%，其余都是由水路运输而来的。

沪杭铁路沿线各站的货运业务十分有限，一般离铁路沿线稍远的地方，货物完全靠水路运输，即便在铁路附近地区，如果不是急需到目标市场赶行市或易烂易坏的货物，人们一般也宁愿采用传统水运。这方面最典型的例子，莫过于硖石镇了。

硖石镇位于沪杭铁路沿线，但在粮食运输方面，却一直作为水路码头，几乎所有从江苏、安徽来的食米都是从内河用木帆船运来的。只有从上海购进的洋米，是经沪杭铁路运载来的。也就是说，硖石镇基本维持着传统格局，铁路车站位于镇区边缘，镇区仍以水运的市河而不是以陆运的铁路为中心展开。

这些情况意味着，近代铁路运输的引入，在初始阶段，并没有理所当然地成为当地经济发展的主要推动力之一。也因此，当时市镇的兴盛或衰微,基本上不受近代铁路运输的影响。

　　清末民初近代铁路运输引入江南地区,所起的作用主要有两方面,一是拉到一定量的客运业务,二是促进各大城市间的运输发展,加强了它们之间的互相联系。但在杭嘉湖、宁绍平原河网地区,就货物运输而言,铁路没有改变传统的交通路线,也没有引起传统交通手段的革命。它促使各种近代因素向大城市集中,但对于农村地区众多市镇的传统交通体系的触动还很少。

汽车

　　那飞驰在铁轨上的火车,对于长期生活在传统社会经济状态下的人们,也许确是过于奢侈了点。那么,奔跑在公路上的汽车呢?

　　相比于铁路运输,公路运输是更为灵活的近代交通手段。公路的前期投资也比铁路的低廉。不过,在实际上,公路运输的运价很高,甚至超过了铁路运输。结果,公路运输相比于传统水运,也不具备竞争力,无论是货运还是客运,都是如此。比如货运,民国时期,汽车运费要比火车高3倍,比水运高10倍。民国时期曾做过此类调查研究的社会学家杜修昌说:"以这样高贵的汽车运费来搬运价贱如泥的农产物,无疑是同劝灾民吃肉一样荒唐的笑话。"

客运也一样，汽车票价高于轮船票价好几倍，高于航船票价就更多了。坐上十几里路汽车的车费，几乎等于农民一天的生活费，对农民来说可是一项较大的开支。有人算过这笔账：乘长途汽车每里差不多要花一分大洋，一分大洋就等于三个铜板，三个铜板就等于一块大饼。乘十多里汽车就要耗去十多块大饼的费用，这可是乡下人一天的生活费啊。三四十里或者再多一点路程，对于吃得起苦的乡下人来说，只要动动脚，稍稍辛苦一点就可以走到。如果再远一些，花几百文便可以乘船去，在船上还可以喝茶、攀谈、睡觉呢。尤其夜班船，是最受欢迎的了。所以，当连接县城与省城的汽车经过一些市镇停靠时，由于票价昂贵，乘客很少。

当然，汽车运输还是有一定的业务量的，不然就无法维持下去。汽车的情形与火车有两个相似之处。

第一个相似之处是，汽车与火车一样，在发展前期的民国时期，都以客运为主，货运极少。当时各汽车公司的情形都是如此。在杭嘉湖地区，1924 年第一条公路杭徽线余杭段正式通车，此后各线陆续建造。浙江全省汽车数在 1929 年共有 325 辆，其中货车 11 辆，占总数的 3% 强；1933 年 442 辆，货车 155 辆，约占总数的 35%。直到 1947 年，货车比例才超过客车。一些地区的鲜果、水产无法贮存，需要尽快赶运市场，所以才用汽车运货。比如每年 8 月，宁波奉化的水蜜桃上市时，因为不能久放，商贩就借鄞奉线汽车将水蜜桃运到宁波，再转轮船运到上海等地。此外，汽车运输业务较多的都是接近丘陵地带水运不便的地段，但这样的地段在江南水乡地区实在很少，所以在全部汽车运输业务中所占比例极小。也因此，当时的公路管理部门才会做出"全省公路，均致力于客运""各路运输事业，多重客运"之类的结论。

第二个相似之处是，汽车与火车都有方便快捷的优点，因此适应了江南市镇一定社会阶层的需要。也就是说。汽车受到江南市镇中的商人阶层的喜爱。商人出于经商需要，时间观念较强，而且他们相对富裕，付得起昂贵的车费，所以喜爱乘坐汽车。

因此，公路对江南市镇的影响程度，也大致与铁路的相似。总的情形是，在属于河网平原的杭嘉湖、宁绍地区，公路在其发展初期阶段的民国时期，还只是大致构建了一个县际的近代交通网络，尚未全面深入内地，因此，对江南市镇的传统运输结构冲击相当有限。公路货运可能还远不及铁路货运来得重要。

有一个因素也许不应被忽视，那就是，1927年国民政府定都南京后，江南地区的公路开始由政府部门建造，连原先的商办公路也大多被收归省有了，这使得当时的公路体系显示出明显的超经济色彩。政府督促公路运输迅速发展，主要是出于军事需求的考虑，而不是经济上的商业运输。考虑到这个因素的介入，公路的发展就更不是那么自然而然地，以经济高效的优势，深入江南地区了。

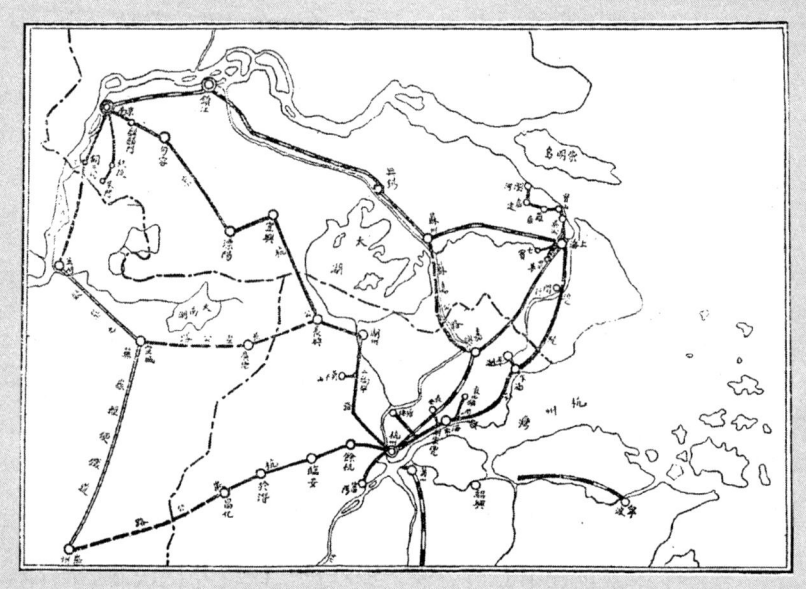

图 25　沪杭公路及其互通汽车各公路简明地图

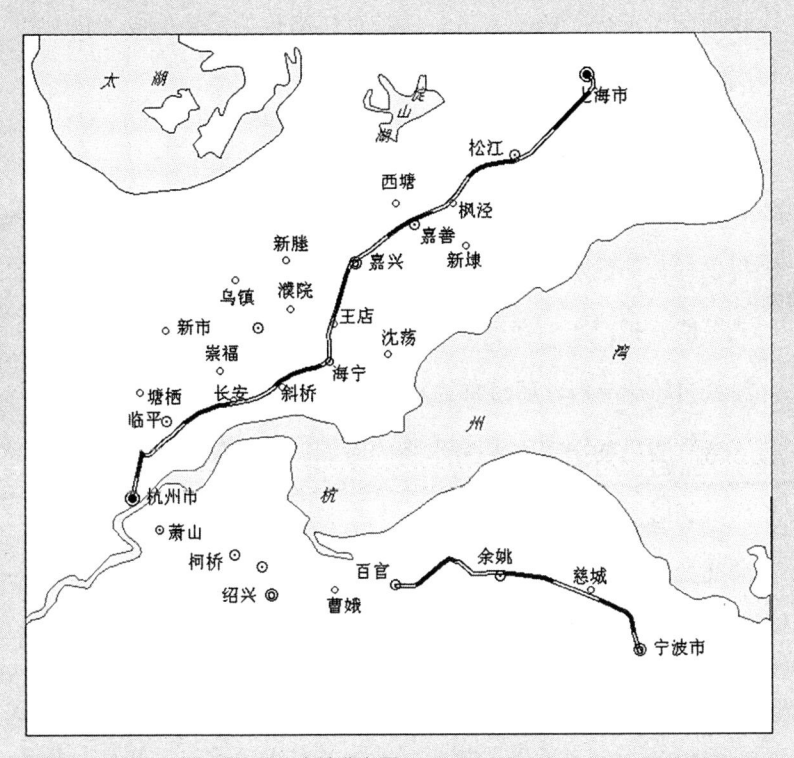

图26 近代沪杭甬铁路沿线市镇分布图

轮船

如果说，火车、汽车这些近代交通工具的引入，在发展前期都没有能够对江南地区传统运输结构形成有力冲击的话，那么，比较而言，近代轮船的引进，还是对江南传统运输造成了较大的影响，促进了传统运输的发展。

近代以来，江南市镇陆续出现了小轮船、汽油船。

靠机器推动的近代机动轮船是人们所熟悉的。民国年间一些小规模经营的轮船公司，因为无力购买正规建造的轮船，就改造旧式航船，把汽车引擎安装到旧式航船上，称之为汽油船。人们一般就将轮船与汽油船统称为轮汽船。

轮汽船最初出现在江南水乡的时间，可以追溯到19世纪60年代。当时的清政府曾默许外国小轮船进入内地，从此，杭嘉湖内河开始有了来来往往的小轮船。后来，虽经明令禁止，不许轮船擅入内河，但过往清朝大员用小轮拖带官船，丝商往来湖州用轮船运送银两丝货，相沿成习。

1886年，官办的轮船招商局开始举办小轮业务，首开上海至苏州、杭州两地的内河航线。此后，一些官营以及个别由清政府特许开办的民间内河轮运公司开始出现。首先兴办的，是一些靠拖带官商坐船营业的官轮船局，专营上海、杭州、嘉兴、湖州等大城市之间的轮运业务，沿线停靠各主要市镇。

1893年，小轮航业开始由省城发展到内地城镇。这一年，嘉兴硖石镇创办了一家萃顺昌申硖轮船局，有"萃顺昌号"小轮一只，行驶于硖石、嘉兴与上海之间。这可能是杭嘉湖地区第一家以农村市镇为中心的轮运公司。

内河轮运解禁后，各类轮船公司迅速发展，如1896年，平湖县出现第一家轮船公司王升记轮船局，置小轮四艘，行驶平湖至上海航线。同年，戴生昌轮船局也在湖州设立了分局，次年又在杭州设立了分局。

官督商办的利用公司官轮船局，也于1897年在杭州拱宸桥设局，开辟杭州至湖州、嘉兴、苏州、上海等地的内河航线，并在航线所经过的重要市镇设分局或支局，沿途经过各镇时也停泊装货、搭客。宁波第一家近代内河轮船公司记安商轮局于1895年成立，开辟了宁波至余姚航线。1899年，有"美益利记"标志的宁绍轮船公司的三艘小轮，悬挂德商旗号，往来宁波至余姚、绍兴等处。

这样，大致在20世纪最初的10年里，江南地区杭嘉湖、宁绍平原的内河轮运，初步形成规模。

起初，内河轮运是以县城级的中心市场以及杭州、宁波、嘉兴等大城市级的区域市场为终点发展，沿途停靠重要的市镇。大致从20世纪初起，以市镇为中心的航线慢慢被开辟，近代轮运逐渐通向内地市镇，深入农村。

从民国初年起，杭嘉湖、宁绍河网地区内河轮船运输的发展，从主要的干线逐渐深入几乎所有能够通行轮汽船的干流航道。每年都有不少新轮船公司开业。许多公司或合并改组，易主改名，或开张歇业，自生自灭，变换不止。据浙江省政府公报的记载，在杭嘉湖地区，1914—1929 年间正规开业行轮的企业共有 95 家，轮船 165 艘。其中航线跨省的小轮船公司 84 家，轮汽船 107 艘。

宁绍平原轮船运输发展较杭嘉湖地区略迟。民国以前，萧山、绍兴两地内河还是旧式航船的天下。直到 1911 年，绍兴绅商俞襄周等人集资兴办越安轮船合资有限公司，开辟曹娥至西兴航线，成为萧绍地区最早的内河小轮企业。到 1920 年，萧绍地区已有五六家内河轮船公司。宁波奉化、余姚、甬江等三江轮船航线也在 20 世纪 20 年代开辟，内地各塘河自 20 年代后期以来，都开始行驶机器发动的汽油船。20 世纪 30 年代是杭嘉湖、宁绍地区内河轮船运输的黄金时期，几乎每个县区都形成了相当规模的轮汽船运输公司，有轮汽船数十艘，航线通向全县各乡镇。

内地市镇已成了轮船运输深入农村的据点。当时多数的中间市场，每天都有许多班轮船过往。如乌镇，每天有 16 班轮船过往，除到上海、杭州、湖州等大城市外，专线开往其他市镇的航线达 20 余条，到达菱湖、双林等数十个市镇；菱湖镇每天也有

16班轮船过往，除开往杭州、湖州外，还开往新市、长安、硖石、震泽等市镇。

南浔镇的轮船班次更多，除开往上海16班、湖州19班外，还有开往震泽、新塍、乌镇等地的航线。本来，南浔镇的绍兴快班船生意很旺，但自30年代后期，由于轮船的竞争，逐渐衰落。当时的轮船大半是无锡人开的，因此有个俗称，叫"无锡快"。

自1937年抗日战争全面爆发后，农村经济遭到严重破坏，内河轮汽船运输业的发展因此受挫。1945年抗战胜利后，虽逐渐复原，一度略有回升，但再未回到战前的最高水平。因此，30年代可为江南杭嘉湖、宁绍地区内河轮汽船运输业发展的最兴旺时期，这与铁路、公路等其他近代交通发展情形是基本相同的。

内河轮船作为一种近代交通工具，之所以能够逐步发展，成为内地市镇最主要的交通工具之一，是因为比起火车、汽车等其他近代交通工具，它最适合于当时江南地区的经济发展水平，易于被当时江南地区的传统经济所接受，它是在与传统交通共同存在、并行发展的过程中兴起的。

首先，相比于铁路、公路运输，轮船运输的前期投资要低一些，开办也就相对容易。杭嘉湖、宁绍地区的内河航道条件较好，在绝大多数情况下，兴办轮运只要购买相应的船只即可开业，不必像火车、汽车那样必须预先筑路,为航道作专门投资。轮船靠岸,大多可借用商店埠头。少数船体高大的轮船,不能随处停泊,才需建造专门码头,费用也是有限的,如嘉善县清末"王清记号"轮船通航后,就在所经市镇建造了木质简易码头。汽油船是把汽车引擎装到旧式航船上改造而成的,投资更少,许多小轮船公司一开始都采用这种成本低廉的汽油船,以后通过经营积累资金,逐步扩大和发展轮运业,从而在总体上形成规模。这一特点尤其适合于原始积累不足的中国近代民族企业。

其次,轮船运输在技术、习惯、航线等基本方面与本区传统运输体系极为吻合,十分有利于它的逐步引进,深入内地。轮船运输除在机器操作上需要一定的培训外,其他如驾驶等技术,与旧式航船没有本质上的不同。所以,轮船业的发展,不像其他近代交通手段,一般不存在专业技术人员缺乏所造成的障碍。轮船利用本区交叉纵横的河道,自然深入内地农村,对原有经济体系冲击最小。由于轮船行驶很少改变旧有航线,农村地区传统市镇结构也就基本未受到影响。轮船有大有小,方便灵活,也正适合于农村市镇分散、多流向运输需求的特点。20世纪20、30年代,正规轮船大多行驶于主干航线;汽油船本系航船改造,行驶灵便,则多行驶于支线航道。同样,传统农村社会对轮船的引进,在观念等其他方面上的抵触也相对较少。

最后，轮船作为一种近代交通工具，其速度（运输效率）比传统航快船提高了许多，大致在一倍以上。从20世纪20、30年代的情形来看，一般江运轮船要比内河轮船行驶速度略快，有的时速达十七八公里。内河轮船时速一般十几公里，超过航快船等传统船只一倍以上。例如，当时在钱塘江上行驶的轮船时速13公里，帆船时速5公里。在江南运河嘉兴段，轮船每小时可行11公里，帆船每小时可行4公里，航船每小时可行5公里。

从最初传统的木帆船，经后起的绍兴快班船，发展到近代的轮船，速度是一个比一个快。做一个具体比较，从嘉善西塘镇到县城魏塘镇，水路18里，如果是有条件的财主人家自己摇船去，半路上还要停靠一次，上岸吃饭，总共要走五六个小时。乘坐绍兴快船，不出三小时可到县城。后来有了轮船，中间停靠几个小村，一个多小时就能到达魏塘县城了。

由于速度提高了，轮船日航行半径较旧式航船扩大，航线也随之延长。杭嘉湖平原内地市镇大多开通了直接通往上海、杭州、嘉兴等大城市的航线，宁绍平原地区则通过轮船海运，也与上海等大城市直接联系了起来。运输费用虽比旧式航船、绍兴快船等高出一倍左右，但相比于近代出现的交通工具火车与汽车，却低得多，因此，很快就成了当时城乡民众最常用的代步工具，从而使轮船这一近代交通工具拥有了一个最广大的市场，显示出强大的生命力。

内河轮船的引入，使得杭嘉湖、宁绍地区的市镇有了一个快捷有效的交通工具，加强了市镇与一个更广大的外部世界之间在信息、人员、金融、贸易等方面的联系，使之平添许多近代气息。许多地方文献都把轮汽船的开通视作本地风气变异的一条分界线。不过，轮运航线主要深入县城和属于中间市场的市镇，而没有深入更低一级的基层市场，所以，它并没有就此完全取代了江南地区的旧式帆船运输，尤其是传统航快船运输。

例如嘉兴县，到 20 世纪 30 年代，基层市场通行轮运的比例很小，还不到十分之一。嘉兴县算是杭嘉湖地区内河轮运最为发达的县区之一，尚且如此，其他县区就可想而知了。如果能从嘉兴县的情况推论，那么可以说，杭嘉湖地区轮运航线的发展，在整个民国时期，基本只深入大多数中间市场。少数中间市场和绝大多数基层市场，其内外交通仍然要靠传统的航快船运输。

像湖州，航道条件与嘉兴基本相同，它辖内的中间市场南浔镇，在对外交通上已经全部依靠轮船了，但镇区内各基层市场并没有汽轮船来往，水路交通仍然依靠绍兴快班船及航船。

又如余杭县的塘栖镇，据新编《塘栖镇志》记载，在其市场范围内，农村小集镇与塘栖镇这个中间市场的联系全靠民船。方圆 30 里的农民以塘栖镇为贸易中心，来往穿梭的航船、快班、小舟，每天数以千计，单航船一类就有65条，与41个农村小集镇每日直接联系动销货物。

一些属于基层市场的小市镇，如石淙镇，对外交通全靠传统船运。石淙镇是距中间市场菱湖镇东栅外29里水路的一个乡村中的小市镇，一共只有40多家小店，因为旧习相传，所以一直称为镇。全镇农民以种田养蚕为业，要到邻近各大市镇去，全部依赖传统的航船运输。

浙东宁绍平原河网密度不及杭嘉湖平原，航道条件也相对略差，轮汽运航线的深入程度也就更低一些。例如在慈溪县，直到20世纪60年代，轮船客运才陆续取代传统的航快船，航快船改为零担货船。

总体说来，在20世纪30年代轮汽船运输最为发达的时期，轮运占内河运输的比例还是有限的。一方面，轮运还没有渗透到中间市场内部，在当时的基层市场之间，以及中间市场与基层市场之间，几乎仍然全是传统航快船的天下，而且少数中间市场还尚未开通轮运。另一方面，轮运所经营的主要是客运业务，货运仅以客轮搭货为主，纯粹的货运业务量极少，几乎可以忽略不计。货运市场基本仍由木帆船垄断。所谓"乘客有轮船，装货有民船"，就是当时内河运输的一般写照。

图 27　穿过市镇的汽轮船

这种格局，持续了很久。事实上，许多地区一直到 20 世纪 80 年代中，仍以船运为主。少数沿着上海、苏州、杭州等大城市间交通干线的市镇，30 年代就已经通公路，此外的多数市镇一直要等到 80 年代中后期才开通公路。例如吴江黎里镇，1966 年青平公路建成通车前，客货运一直以水路为主。1983 年后，全县所有乡镇相继筑成公路且通车，水路客运才日渐冷落。1984 年，黎里码头坝毁，轮船无法停靠，此后不再修复，转向汽车运输。桐乡县城通往乌镇的桐乌公路 1985 年建成通车。此外如周庄、双林、菱湖、王店等许多市镇，都是到 80 年代末才修筑公路，开通汽车。随着中间市场公路交通的普及，并渐次向基层市场渗透，江南地区的交通才从船运时代进入汽车时代。

随着公路交通的普及，市镇分布与镇区形制才随之产生根本性的变化。

五、小市千家聚水滨——镇区形制

运河横贯市中心,南北支流屈曲通。

画舫千家夹明镜,石梁三道卧晴虹。

——[清]董蠡舟《浔溪棹歌》

河道交通规范了江南市镇的布局结构,也塑造了它们的镇区形制。

(1) 街区模式

江南水乡,市镇傍河,夹岸成市,"运河横贯市中心",市镇居民的生产经营与饮食起居,无一不与河道交通息息相关,因此镇区形制也就深受其影响,呈现自己的特征,别具风采。

于是,在传统江南水乡市镇上,总是可以欣赏到这样的景观:市河两岸,建筑、街道细细长长,沿着市河的方向蜿蜒伸展。市河平直行进，市镇遂为一字长街；河市交叉曲折，市街也就交叉兜绕。

由于江南市镇基本上是自然形成而非行政规范的产物，镇区规模并不整齐划一。各个市镇在农村商业网络中的地位不尽相同，店铺多寡及人口聚集水平也各有区别，因此，镇区规模大小往往悬殊。大体说来，江南农村市镇的镇区规模可以划分成大中小三种。

巨镇规模的中间市场。这些市镇属于中间市场中的巨镇，有不少已经超过它们所属县邑城关镇的规模。像盛泽、南浔、濮院、乌镇等大镇，居民超过万人，沿街有几百家店铺，已成典型小都市规模。明代嘉兴王江泾镇在被倭寇烧毁前，号称五里长街。20世纪30年代，乌镇的规模，南北走向共长7公里，东西走向共长3公里，是少见的巨镇。南浔镇的规模也与乌镇差不多。濮院镇的规模南北纵向约3.5公里，东西横向约4公里。海宁硖石镇市河全长2800米，即2.5公里多，到1949年，镇区建成面积1.6平方公里。

中等规模的中间市场。也有一些属于中间市场的市镇，镇区规模相对略小，如吴兴菱湖镇，面积原来有1平方公里，到清末以后，特别是20世纪40年代后期菱湖镇区向四栅以外发展，镇区规模远超过广袤二里的范围。嘉兴王店镇镇区若仅以梅溪两岸市街计,总长达 2 公里。

较小规模的基层市场。属于基层市场的一些小市镇,无论人口还是商业店铺数,都与大镇相差数倍甚至十数倍,镇区规模也不能与大镇相比。海宁丁桥镇在基层市场中算是有一定规模的,南北长一里半。湖州下昂镇,南北间纵长不过百米,店铺不过几十家,属于规模较小的基层市场。

不过,不管市镇镇区的规模如何,它们的基本形态都是沿着市河向前延伸的。这是因为市镇上的民众,无论是一般居民,还是坐商行贾,他们的生活都离不开市河,都想尽量地将自己的建筑紧挨着市河。于是沿河两岸的市街与商铺民居,大致上就形成了两种基本的模式:

第一种可以称为**临河式**,街道的一侧紧挨着市河,街道的另一侧就是一字排开的店铺和民居。这些沿街的建筑,与市河的走向相平行,随着市河走,纵向蜿蜒可达数里甚至更长。市河两岸,多设河埠,方便商铺的物货运输与居民的取水洗涤。这样,就形成了市河两岸是街道、街道一侧是房屋的景观:屋—街—河—街—屋。

第二种则可以称为**背河式**,即贴着河岸就是建筑,中间为街道,街对面复为建筑(屋—街—屋),形成两列建筑夹着一条市街的形状;市河的对面依样复制。总体来看,则形成了四排建筑、两条市街夹着一条市河的形状：屋—街—屋—河—屋—街—屋。

在背河式中，沿河一侧的建筑称为下岸，一般进深较浅；街对面的建筑称为上岸。为了增加面积，上岸建筑多纵向拓展，进深可观。下岸建筑隔一段距离截断，留一个公共空间，设河埠供上岸商铺与居民使用，下岸建筑则各自在屋后设河埠，由主人使用。

这样两种模式，当然是笔者的简单归纳，现实中市镇、市街与建筑的匹配，灵活多变，风采别致，可以这边既有下岸、市街与上岸，对面则只有市街与上岸，不建下岸，也可以将下岸建成连成一线的骑楼，让市街在骑楼下面通过，下临市河。凡此种种，不一而足。

但是，不管市河有多长，沿着市河纵向伸展的街道与建筑有多长，也不管建筑物向上伸展有多高，向纵深拓展多少进深，从整个市镇横向的规模看，基本不超过一个街区。也就是说，在沿河街道与建筑的背面，一般不存在由与临河街道平行的第二条商业街道分隔的第二片建筑群。即便是背河式格局，仍然只是在沿河岸一侧形成一条商业街道，而没有第二条商业街道。

我们将江南市镇这种以市河为中心的街区模式，称为"单一街区模式"。截至近代晚期，从江南传统水乡市镇的发育水平看，它们基本上都处于这种单一街区的阶段。

水乡市镇的镇区形制，为什么会形成单一街区这种特征呢？

其基本原因，就在于水乡市镇在交通方面对于河流的依赖性。多少年来，江南水乡传统市镇的交通，依靠的就是在河道中川流不息的船只。有一些例外情形，或许可以靠人力肩挑来解决，但基本的状况是，街与屋都必须临河，依靠河道所提供的船运之便，来解决运输问题。

于是，在江南水乡市镇上，人们可以看到这样的一道风景线：一座座的桥梁连接着市河两岸。市河两岸则分布着大大小小的水埠码头，也称河埠或河埠头。这些水埠就是连接河道与街道的石阶梯，是水陆交通的口岸。各式各样的船只，就停靠在水埠，商品买卖可以就地直接进行，也可以挑货上岸到临河的商业街道去做生意。

江南水乡市镇的经济生活与日常生活，与河道的关系如此密切，对河道的依赖如此强烈。正是这种依赖性，制约了非临河的第二条街市的形成，也就是制约了复式街区的形成。

有意思的是，从城镇建设史的角度看，单一街区也是最适合于江南市镇初步城镇化发展水平的一种形制。在这种单一街区形制下，市镇街道建设所占土地比例最少，建设成本最低，这尤其适合于人多地少、土地昂贵的江南地区。同时，单一街区对排污设施、卫生、消防等等多方面城镇建设诸要素的要求，都是最低的。例如排污，每单元建筑除一条通向河道的简易水沟外，一般不需要其他复杂的下水道系统。近代后期，有些经济发达的大镇开始铺设下水道，但也是个别、零散的，如海宁硖石镇，1949年前两条河道之间的距离少则数十米，多则不过200米，雨水、污水就近流入河滨或池潭，只有市河东西及少数路段有石砌下水道，总长4公里左右。总体来看，在近代以前，还没有发现哪个江南市镇形成过一个完整的下水道系统。

传统江南市镇这种单一街区结构，如果与其他类型市镇做一比较，就显得更为突出。那些不受河流影响的市镇，布局类型就很不相同。

例如，江南本地区少数起源于军事戍地的市镇，如慈溪县观城镇，地处海塘之上，源于明代的观海卫，布局不受河流影响，形制规整，呈正方形，内有纵横街道57条，街区井然，共有数重，俨然是一个都邑的缩影。直至20世纪80年代，观城镇区除了向南沿杭甬公路一线有所扩展外，基本维持着原先的形制。

又如，北方平原地区的市镇，由于交通运输主要依靠畜力，而不是船运，因此，不仅比较容易形成多重的街区，而且街道的规模也远较江南地区宽阔。

图 28　乌镇东栅：背河式与临河式建筑相配合的格局

图29 水乡木渎：夹在两侧临河式下岸建筑之间的狭窄市河

图30 由两侧背河式建筑夹构而成的乌镇东栅市街

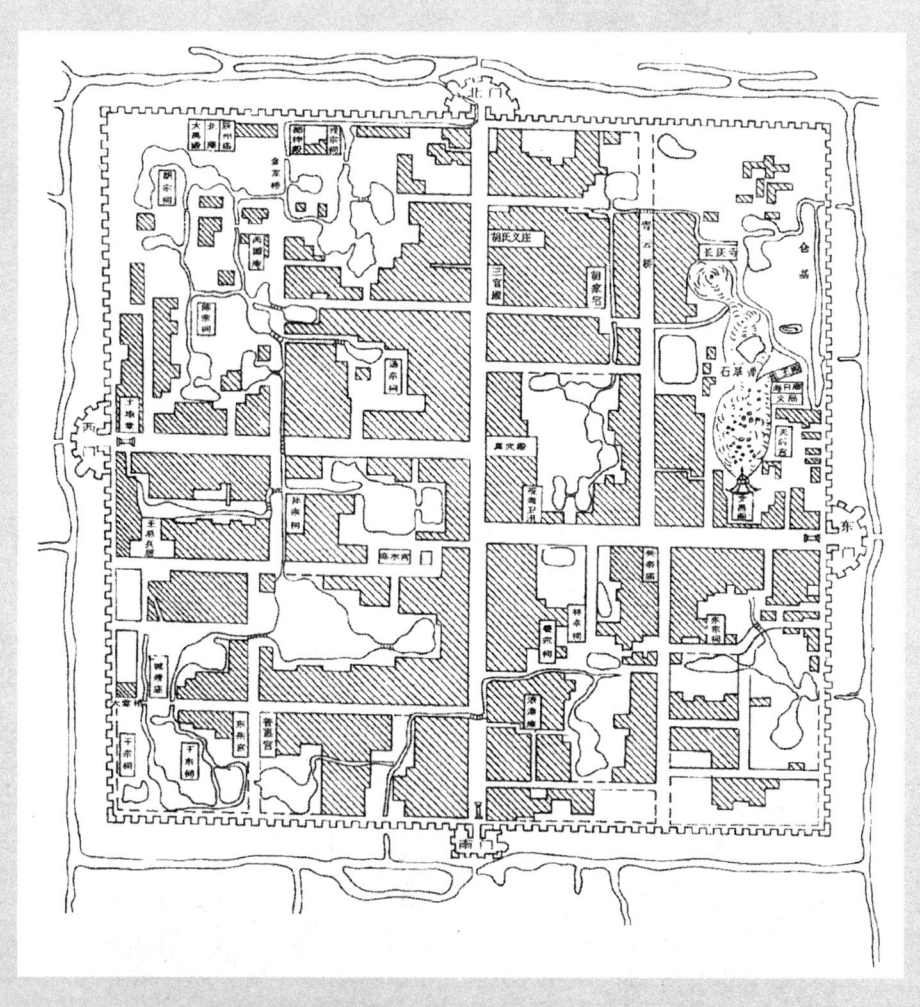

图 31 清光绪年间观海卫地图

还有一些位于丘陵地带的市镇，虽然大多依傍溪滩河道而设，其与外界交通运输也主要依靠船运，但因在山地，无法像江南水乡那样在溪河沿岸形成街市，只能在靠河的地点设置主码头，另择合适区域形成镇区，镇区内部运输仍需要依靠人背肩挑，也就是镇区内部基本无法依靠水运，这样也容易形成复式街区。尤其在一些作为传统水陆交通路线切换点的商镇，规模巨大，常见多重街区。无论是台州皤滩镇、贵阳青岩镇，还是重庆安居镇，都是如此。

当然，这并不是说，江南水乡市镇的单一街区模式就不存在例外的情形。在一些环状河流范围内形成的市镇，各沿河街市的发展，使得建筑逐渐延伸、靠拢，就很有可能在两条并行或接近并行的河流之间形成复式街区，但这一般只是于19世纪后期起存在于那些特大型市镇中间。

例如桐乡濮院镇，由于环镇河流接近围合，位于河流之间的镇区就形成了复式街区。又如盛泽镇，在市河与一条东南走向的河流之间，开始形成三到四重复式街区。此外，硖石镇由于米市的兴起及20世纪初年近代工业发展的影响，促成了城镇建成区的扩展，可是它仍未超出环形河道的范畴。尤其是，在濮院等地，这种与街市并行的第二或第三层街道基本都是仅供居民出入、行人过路的巷弄，极少有开店设铺形成街市的。因此，从商业性街市的角度说，即便如濮院等镇，仍属标准的单一街区模式。

图32 涪江边上的安居古镇（远处码头是古镇对外交通之所依）

图33 古镇市街

总而言之，江南中心地带传统的市镇建成区布局呈现一种单一街区模式。这种单一街区模式的特征是：街与屋沿河分布，建筑群纵横之间比例悬殊，市镇建成区一般呈条状而不是片状。构成这样一种聚落的关键性要素，在于它的河道，即市河。从事商业活动的街道与市河并行，可以说是市河的附属物。

市镇作为一种商业性聚落，它的商业交换活动正是依存于市河与临河的街道的。正是在这种意义上，我们称传统的单一街区模式为江南农村市镇的原生状态。

到19世纪后期乃至20世纪前期，个别市镇开始出现突破这种原生状态、形成三到四重复式街区的情形。这种突破，固然是由于经济发展的重要影响，不过，决定性的因素恐怕还在于环状河流的特殊地理环境。

从总体看，直到近代末期，江南市镇"街沿河走"的原生单一街区模式，并没有受到近代城市形制的影响而发生引人注目的改变。

（2）市河泛舟

江南水乡市镇，都是依傍河流而发展起来的。那条为市街所依傍的中心河流，一般就称为市河。市河自然处于市镇的中心地位，尽管不同市镇的市河，其走向可能各具特色。江南市镇就是依靠以市河为主的河道，联系着内外市场。通过河道，聚集区域内的农业与手工业产品；通过河道，将这些产品运销国内外市场，并输入它们所必需的其他生产与生活资料。

按理说，市河如果深阔，应该有利于运输船只的行驶，因此市镇理应选择镇区内最为宽广的河流为市河。但实际情形却并不尽然。如果河流过于宽广，不仅拉大了两岸间的距离，而且对于桥梁的架设会提出很高的要求，从而造成两岸间来往联系不便，不利于将两岸市街连成一体，就无法以河流为中心形成市镇的街市。

位于大运河畔的乌、塘栖两镇就是典型案例。大运河在杭州—苏州间的河道，宽度一般超过六十米，它的水运之便是上述两镇得以形成、发展的关键因素，但两镇却都并不沿运河形成它们的中心街市，而是各自另有市河，沿河成市。

如前文所述，在乌镇沿岸的运河河道上，虽然有济远、双溪等几座古桥，但运河南北两岸不仅在经济地理上相对独立，在行政区划上也一直分属两个县邑，各自沿大致与大运河成直角的东、西两条市河，分别成立乌、青两镇，直至20世纪50年代才归并属桐乡一县，两镇并为一镇。

塘栖镇也一样，沿岸运河上虽自明代弘治十一年（1498年）就建起了著名的广济桥，高峻挺拔，如长虹卧波，但两岸间交流仍相当不便。运河北岸不过二三百户人家，称水北，单独成镇。

水南沿一条基本与运河并行的狭窄市河展开的镇区，才是著名塘栖古镇的主体。原先水南、水北两镇在行政上分属两地，水南属杭县，水北属德清县。1950年5月，德清县城关区双溪乡三村即原水北镇划归塘栖镇管辖，结束两岸分治的局面，水南、水北才形成一个市镇。不过镇区的发展仍然北不如南，主体一直在沿市河两岸的水南，直至20世纪末才有所改观。

因此说，江南市镇的市河大多比较狭窄，仅供两船往来相交。这样，对于行船或许不够畅快，但便于人们在市河上构筑桥梁，将两岸街市连成一体。一般来说，各地市河宽度很少超过10米，大多在5~6米。

清代光绪初年，乌镇市河型字圩一段宽度不足一丈；新塍镇市河上桥梁的桥洞阔二丈七尺，估计市河比桥洞略宽；硖石镇市河河面最狭处5~8米。20世纪40年代后期，崇德县实测各市镇市河宽度，石湾镇3米，洲泉镇5米，灵安镇6米，崇德县城市河南市区6米，东市区仅2米。

难怪历来人们对江南市镇河道桥梁的描写，往往是风格别致的"小桥"，而非高大雄伟的大桥。正如同里镇吉利桥南侧楹联所说："浅渚波光云影，小桥流水江村。"

市河本来就不宽，更有临河建筑的房屋，往往将部分屋基伸进河道，形成水阁，侵占河岸。还有那些一字排开的大大小小的私家水埠，分布河道两边，供人停泊船只，交易物品，汲水用水。有时，由于市镇的卫生设施不全，居民还习惯将垃圾杂物倾倒在河边。种种情形，日积月累，使得江南各地市镇本来就不宽广的市河，渐渐地更加狭窄，造成淤积，影响船只往来。如乌镇的市河，是镇水北流泄入烂溪的咽喉，但由于两岸居民建房不断侵占河岸，天长日久，至清朝光绪初年，市河型字圩一段已经十分狭窄，河中只能容下一舟行驶，遇到对面有船驶来，就无法错开通行。到1948年，在北花桥热闹市区一段，市河宽度竟然不到两米。

于是，不定期地开浚市河，就成为江南市镇最重要的市政建设项目，如1909年，新塍镇因市河过于狭窄，开工改浚，规定自问松桥起至丰乐桥止，南岸退后三尺，北岸退后八尺，以拓宽河道。

又如西塘镇的市河，自1896年开浚以来，不到20年时间，于1914年再度壅塞如故。西塘镇绅李正墀等人热心筹划集资，重新开浚市河，并将挖出的河泥填加到祥符荡坝上，因为当时祥符荡坝倾塌，行舟颇受风浪之苦。最终，不到三个月时间就完成两项工程，开浚了市河，填修了祥符荡坝。李正墀为此在《塘东樵唱》一诗中兴奋地吟道："浚疏河道役非轻，一举真能两美成。试向祥符放棹去，从今风雨杳无惊。"

所以，河道之于江南市镇，无疑是它们的生命线。

图34 乌镇东栅经统一整修后的下岸水阁

图35 王店镇水阁旧景

六、长廊箬屋紧相连——街市要素

水市千家聚,商渔自结邻。

长廊连箬屋,斥堠据通津。

——[清]鲍轸《南浔小泊》

在江南地区,对于沿着市河两岸汇集而成的商业性聚落,在镇区形制之外,河道交通还规定、制约着它们的几乎所有方面,影响着它们的桥梁、河埠、市街、建筑等各类要素。

(1)桥梁河埠

在江南水乡地区,能够标志某个河网节点并非纯自然地形,而是已经有人类聚居,成为商贾汇集的市镇的核心要素,显然非桥梁莫属了。桥梁本来就是河网地区不可或缺的交通构件,但如果在某一个河网节点,桥梁异常密集,超过数十座,甚至百余座,那么它肯定不是一般的乡间小聚，而是四乡之名镇了。

也正因为此，传统地方志编纂者妙手绘制市镇地图，就紧紧抓住了两个核心要素——河道与桥梁，其他似乎都可以省略不计。这极其传神地向人们表明：在江南水乡，只要看到在河道两岸出现密集桥梁的地方，那就是市镇。《光绪桐乡县志》所附屠甸镇地图就是一个典型例子。

屠甸是一个隶属于桐乡县的小镇，图上绘有二十来座桥梁，数量实在不算多。一般的市镇，有数十座桥梁是十分平常的事，如枫泾镇，清光绪年间横跨市河的桥梁就有 11 座，整个镇区桥梁总数则多达 56 座。清末，平望镇有桥梁 43 座，同里镇有桥梁 46 座。同治年间，盛泽镇有桥梁 76 座。略大一点的镇区甚至还拥有上百座桥梁，如乌镇在乾隆年间有桥梁 100 座，南浔镇在同治年间有桥梁 117 座。

在镇区内部，架设在市河上的桥梁往往成为闹市中心。

例如南浔镇，自明代以来随着辑里丝的发展，镇区逐渐扩展，到清朝乾隆年间已经跨越运河，在荻塘运河和市河浔溪两条水系交叉点上的通津桥，就成为南浔镇市中心区。正如清人董蠡舟《浔溪棹歌》所吟：

运河横贯市中心，南北支流屈曲通。

画舫千家夹明镜，石梁三道卧晴虹。

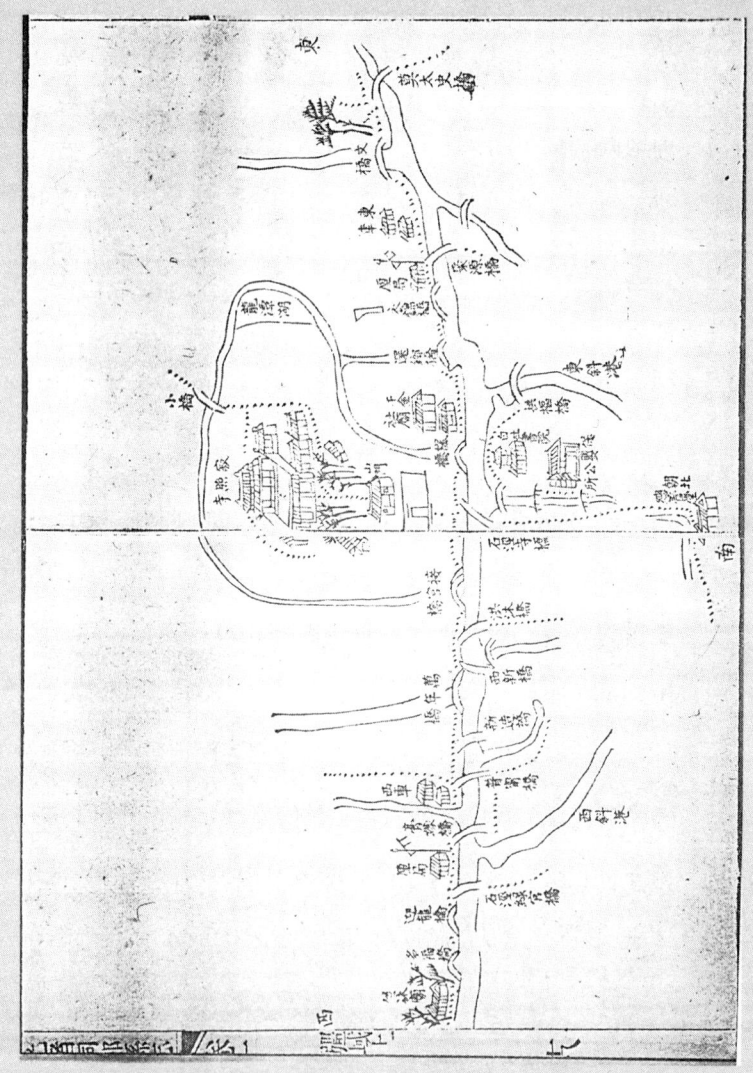

图 36 屠甸镇图（《光绪桐乡县志》附图）

图 37　南浔镇通津桥

由于桥梁是联结市镇内部各区的节点，市镇居民习惯上常以桥梁代表道路的起讫与区域的分界。众多的桥梁也使市镇成了反映我国传统桥梁技术的聚焦点，镇区的小桥、流水、人家，相映成趣，构成了最为独特的传统人文景观。一些历史悠久、造型独特的桥梁常常成为江南市镇的标志。

江南古镇的桥梁，能保存下来的绝大多数是石桥，这些石桥不但造型优美，而且桥上往往刻有楹联等文字，记述史实，状物抒情，意趣盎然。古时的桥，往往是民间集资建造的，所以桥的横梁、桥柱等处常刻有建桥原因或资助者姓名，以标榜前人，激励后人，如同里镇的长庆桥上的楹联："共解囊金成利济，如留柱石待标榜。"说明此桥是众人捐钱修筑的。

江南市镇的桥梁，年代比较久远的有宋代桥梁。像绍兴城内的八字桥，据《嘉泰会稽志》记载，始建于南宋嘉泰年间，于数十年后的宝祐四年（1256年）重建，"两桥相对而斜，状如八字，故得名"。明代、清代的桥梁比较多。江南桥梁的造型，最常见的有这样几种：

一是拱桥，桥洞呈圆拱形，便于船只穿越行驶，其中还可分为单拱石桥、双拱石桥、三拱石桥，甚至有五拱石桥、七拱石桥。一些河道较宽、跨度大的桥梁，大多是多拱石桥，例如塘栖的广济桥、王江泾的长虹桥等横跨大运河的几座著名拱桥，都是如此。

二是平桥，即桥面平直，桥孔成方形。梁桥、廊桥都属于平桥。梁桥的桥面像一道梁横在桥孔上，廊桥的桥上架有遮阳避雨的廊棚。

绍兴阮社镇始建于明代天启二年（1622 年）的太平桥，是拱桥和高低石梁平桥相结合的多跨桥梁的范例。一个跨径超过 8 米的单孔拱桥，取其大跨径、高桥洞以利于往来船只航行；拱桥的北面连接着八孔石梁平桥，靠南面的三孔较高，渐次降低，每孔跨径约 4.8 米，以此增加桥梁的跨度。全桥总长约 50 米，拱梁结合，错落变化，横跨浙东运河宽阔的河面。沿拱桥一侧的南岸就是蜿蜒无际的石板纤道，构成了一幅传统江南水乡河道运输的典型图画。

三是折桥，如乌镇有多石折桥。

江南古镇的众多石桥，在江南水乡人们的眼中，是再平常不过的了。人们每天走过这些石桥，当然会对出资出力造桥的前人心生感念，但除此而外，一般没有更多的想法。

这些石桥却极大地吸引了外地游客的眼光，打动了文人画家的心扉。最典型的例子，就是周庄镇的双桥。

周庄镇的双桥，由始建于明代的一座石拱桥和一座石梁桥组成，架设在周庄南北市河和银子浜交汇之处，桥面一横一竖，桥洞一方一圆，样子就像古时候人们使用的钥匙，所以被当地人称为"钥匙桥"。

1984年,华人画家陈逸飞前往周庄写生,以双桥为题材,创作了一幅表现江南古镇小桥流水景色的油画《故乡的回忆》,在美国展出,深受欢迎。事有凑巧,陈逸飞在第二年荣幸地收到了联合国的一封邀请信。原来,联合国每年都要邀请6名优秀画家自行设计并绘制图案,作为联合国邮局每年发行的六组邮票的首日封。这一次陈逸飞获此殊荣。

陈逸飞立即着手以江南水乡古镇周庄为题材,设计首日封图案。第一枚首日封的图案,就是油画《故乡的回忆》,双桥就这样上了联合国邮票的首日封。第二枚首日封的图案,是意境深远的周庄古镇水巷:河面上笼罩着淡淡的晨雾,静悄悄地停泊着几条小船,青瓦粉墙的民居临水而筑,远处有一座绰绰约约的石拱桥。

于是,随着联合国邮票首日封的发行,周庄镇古老的双桥跨出了古镇,周庄古镇走出了江南水乡地区,江南水乡市镇也因此走出了中国,走向世界,为全世界集邮爱好者和各界人士所知晓、所青睐。周庄古镇和它的双桥,由此声名鹊起,中外人士络绎不绝地前来一睹江南水乡古镇风情。

实际上,周庄镇的双桥,不过是江南水乡市镇的两座普通的石桥。在江南市镇十字水系交汇处,常可见到这种一横一竖架设在不同水系之上的双桥。例如,在乌镇的西栅,就有一对这样的

"双桥"——通济与仁济两桥，桥桥相望，洞环相对，是连接乌镇古镇与周围四乡的纽带。在濮院镇也有这种洞环相对的双桥。

古镇甪直亦是古桥之乡。桥梁旧有72座半，现存40座，绝大部分建于清乾隆年前，有的可上溯至宋元。桥的造型各式各样。其中就有类似的双桥，如"三步二桥"，意思是三步跨两桥。古镇水道纵横，在两河交汇处，往往会有相连成直角的两座桥。甪直的"三步二桥"不止一处，其中最有代表性的是位处镇中心的三元桥和万安桥，两座古桥相连成L形景观，俗称"双桥"，又因形似古代的钥匙，也称"钥匙桥"。三元桥跨于塘河之上，建于明万历年间；万安桥跨于眠牛泾口，建于清乾隆年前，因桥面比三元桥低，俗称"矮凳桥"。两座花岗石砌梁式平桥，组合成高低曲折、错落有致的江南水乡小桥流水景象。

与河道、桥梁相配合，共同构成江南市镇的交通运输与民众生活的基本市政构件的，自然就是河埠了。

在江南水乡市镇，人们可以看到这样的一道风景线：市河上架着一座座的桥梁，连接着市河两岸。市河两岸则分布着大大小小的水埠码头，也称河埠或河埠头。这些水埠就是连接河道与街道建筑的石阶梯，是水陆交通的最后连接处。规格不一、形状各异的水埠，时刻有市镇民众忙碌于其上，是首先映入江南市镇来访者眼帘的最平常的场景之一。

图 38　同时连通三条河道的绍兴八字桥

图 39　阮社镇太平桥（拱桥与平桥相配合）

图40 著名的周庄双桥

图41 著名的平望镇安德桥（始建于唐代大历年间，后屡圮屡建。南宋杨万里《过平望》诗云："乱港交穿市，高桥过得桅。"）

图42 双林镇著名的三桥之化成桥（其背后为万元桥）

市河两岸规模大一点的水埠，大多是公共码头，尤其是在背河式的格局中，沿河居住的人家，家家户户都开有独家河埠，沿石阶而下就触到河水，那是私家的码头。

对于来往的船只与沿岸的商家、民户而言，河埠首先是装货卸货、上下人员的码头。各式各样的船只，就停靠在河埠，商品买卖可以就地直接进行，也可以挑货上岸到临河的商业街道去做生意。四乡的农民到镇上来赶集，就在公共河埠以缆系船，拾级上岸；镇上的民众外出，也从自家的或公共的河埠下船。

河埠，不但是人们停泊船只、交易商品的场所，也是人们日常取水、洗涤物品的场所。在这里，主妇可以汲水，淘米，洗菜，洗衣服，刷马桶；孩子可以玩耍，撒尿；男人可以洗澡，清理劳动工具：好一派"家家踏级入水，河埠捣衣声脆"的富有水乡小镇特色的景象。镇民信奉流水不腐的道理，无论河水里掺进了什么污垢杂质，几分钟后河水依然可以是干干净净的。

即使是在 21 世纪的今天，江南水乡市镇家家都装进了自来水，依然有镇民，尤其是年长者，喜欢并习惯于使用河水。比如洗床单，用木槌重重地捶上一阵后，投在河水里大力甩动漂洗。多少年的习惯了，哪能说改就改了呢？

图 43　下岸人户差不多每家每户都有一个水埠（西塘镇）

图 44　最简陋的水埠（新市镇）

图 45　同里镇的市河及水埠

图 46　修建后乌镇西栅下岸建筑的公共水埠

在乌镇东栅西头市街北侧的观前街上,有一座始建于北宋前期、称作"修真观"的道观,道观大门朝南面向市河。隔着市街,面对着观门,设有一座传统祠庙常见的附属建筑——戏台。市街逼仄,戏台只得贴河而建。有趣的是,每当年节,镇上民众请来戏班子登台唱戏娱神,戏班子并不是经市街走来,却是从戏台底下直接登台。原来戏台背后设有一个专用河埠,戏班子从乡间出发前来,系船于戏台背后的河埠,拾级而上,经台面的一块盖板就能上场,就像从台底下钻出来一样,一切准备工作全在船上解决。就这样,河埠将船只与戏台组合了起来,船只变成了演员的化妆间。这大概是河埠与市镇生活密切交融的最生动例子了。

河埠的魅力,不仅仅在于它能提供船只停泊和汲水用水的实用性,还在于它同时是传递信息、交流感情的一条渠道。人们在河埠头可以向驶过河道的船夫问声好,可以与走过桥头的人打声招呼,更可以与左邻右舍拉家常,通信息。东街的姑娘出嫁啦,西街的大爷做寿啦,周家的大儿子在外边念书回来啦,王家的生意今年特别兴旺啦,等等,水乡小镇上没有什么私人的秘密是可以瞒得住的。

船只与河埠的关系是如此密切,以至稍加留意的话,就不难发现在河埠旁的岸壁上,往往砌有系船缆绳的孔眼石。船只停靠在河埠边,船缆绳就穿在孔眼石上,以固定船只,不让它漂移开去。这就像绳子穿在牛鼻子上一样,所以孔眼石就被称作"船鼻子"。

图 47　乌镇东栅修真观戏台

图 48　戏台背后的水埠（因建筑外扩，水埠被藏到楼底下了）

图 49　最简单的船鼻子

图 50　船鼻子（一）

图 51　船鼻子（二）

船鼻子最初想必是只讲究实用性,在河岸壁上打出个孔眼即可。但在江南水乡古镇,久而久之,这些船鼻子往往也被雕琢成一件件精致的艺术品,有如意、双钱、花瓶等形状,极富传统文化情趣。

(2)街市建筑

四乡农民撑船赶集,缚缆上岸,就来到了江南市镇商业活动的中心舞台——市街。

商铺茶馆的柜台面对着市街,招徕顾客;民居面街开门,向众人敞开着市民的起居生活;四乡农民走过市街,来到他们日常从事交易的店铺,售出自己的产品,买进家里需要添补的货物,再去自己熟悉的茶馆,见朋友,聆市面(方言,打听市面消息)。可是,无论是在临河式的还是背河式的市镇街区模式中,市街都相当狭窄。

在一些作为中间市场的大镇,例如南浔镇,市街宽度也许可达一丈即三米多,规模较小的基层市镇却常有不足此数的情况。据新编《慈溪交通志》记载,慈溪县浒山镇在民国时期,街道仅为3米宽的石板路。这应该是江南各地市镇的普遍状况。据民国《崇德县经济建设概要》有关资料,我们可以看到20世纪40年代后期崇德县有关市镇市街宽度:

20 世纪 40 年代后期崇德县有关市镇市街宽度表

镇 名	街 名	宽度（米）	镇 名	街 名	宽度（米）
石门镇	南市街	3.04	洲泉镇	大 街	3.06
	东市街	3.00		河北路	2.58
	煤沙街	2.80		公和路	3.00
	马家街	2.50	灵安镇	中 街	2.10
	应家弄	2.16		东市街	2.00
	庙桥街	1.80	高桥镇	西大街	1.82
	岳西路	3.05		河南街	1.79
				河北街	1.80

一般讲，市街宽度达一丈的，都是作为中间市场的大镇。不过由于市街两边商铺均在店面前摆满形形色色的商品，尽量多占用一些公共空间；赶集的农民又往往会在市街两侧摆起临时摊位，再加上行人川流不息，所以市街无不显得拥挤不堪。一些狭窄的街道，如上表所示，常常不足两米。市镇街道最小宽度的极限，大致是供农民挑担左右换肩，即一根扁担的宽度。

市街逼仄，自然是因为在江南水乡，土地金贵，绝无寸土可供浪费，同时也反映着江南民众利用自然资源的得心应手与恰到好处。在市街街面的角角落落被利用到极致的同时，临街房屋二楼以上常常还向外伸出半根檐子的宽度，更多利用市街的一些空间。于是两两相对的市街楼屋近在咫尺，搁起竹竿，就可以晾衣晒被，互相招呼，构成一道别致的市镇风景线。有些市街又长又狭，就像一条细细的弄堂，最狭的地方，两面房屋的楼上打开楼窗，可以各自倚窗谈心。

市街楼屋距离过近，稍有一点点借助力就可以跨越，因此，也为小偷作案、男女调情这类事情提供了便利，当然，同时就可能给地方治安造成一些小麻烦。民间有不少这类故事。即便县城街道，也大多如此。罗家庆曾在《湖城野志》中记载说，由于湖州城街道狭窄，只要用一条铺板，就可以从这边楼窗搭到那边楼窗。夜晚就有不安分的伙计，为了赌钱、偷情，往往从空中往来。甚至曾经发生过这样的事故：有人在此过程中，因为被打更人吆喝，受到惊吓而失足坠楼。

这样狭窄的市街，当然仅供行走，无法行车。平时即已十分局促，如果再有农民临街设摊，行人就只有侧肩而过了。所以轿子成为镇区传统的代步工具。江南少数大市镇在近代以后曾有设立轿行的，如南浔镇在民国初年有绍兴籍客民创设轿行，专供在镇内来往，又稳又快，按路程远近收取报酬，曾经风行一时。不过可想而知，在当时的社会生活状况下，有条件坐轿的只可能是少数大户人家和富裕商人，而且也得在稍宽一些的市街才可行。一般的人以及在一般的情形下就只能以舟船代步了。如塘栖镇，由于街狭弄窄，一向没有肩抬的轿子，全赖水路四通八达，乘舟可以抵达目的地。

有一个例子十分典型地说明了传统江南市镇街道的狭窄。

1947年5月，吴兴菱湖镇为了加强消防力量，从上海买了一部内燃机动力的新式水龙来，却因街道的限制，不得不因地制宜，采取土洋结合的办法来使用它。据当时的《菱湖日报》介绍，这部机器采用汽油发动机，有四个龙头同时出水，效率比传统水龙高很多。不过菱湖的街道太窄了，这部机器在很多地方转不过身来，只好又买了一条船，把它的橡皮轮子拆去，放在船里来使用它。

现在江南地区一些作为旅游景区、经"开发"重建的市镇，偶尔可见特别宽敞的市街，宽度往往超过五六米，甚至十来米，那是景区为了应对大量游客人流的需要，拆除了市街一侧建筑的结果，被拆除的往往是临市河一侧的下岸。当然，这样一来，传统的江南市镇也就变成人为的主题公园了。

沿市街两侧，相互倚连排列的是市镇的临街建筑，商铺居多。临街建筑的店面房，多是单墙或竹壁墙，面街排设门板，前面开店，后为作坊、仓库或住宅。贫苦人家都住平房，甚至只有茅屋蔽身。富家深宅大院，一般建于店铺之后，以为隐蔽，大多为两层木结构，重檐墙，俗称封火墙，直长进深，以石库墙门为总出入口。由于临街门面宽度受限，每幢单体建筑无不向背后纵向拓展，内分若干进，形成复式院落，有三进、五进、七进不等。每进都有各自的墙门、厅室、正房、退堂。东西两侧为厢房。厅屋前后有天井，供寒冬曝日、夏季纳凉。

图 52　百年老店人和茶（甪直镇）

图 53　西塘镇市街

图 54　跨街架设的晾衣竿

图 55　过街横梁（沙溪镇）

图56 砖雕门楼（旧时江南市镇富家大宅为隐财避盗，多在门楼内侧设精美砖雕，外侧则朴实无华）

图57 备弄（直长深进的富家大宅，非年节或迎贵客不开正门，均在宅内一侧设前后连通的过道，习称备弄，家人日常都从备弄进出）

图 58　园林（某些寓居市镇的官宦或富商以其财势，建有精美的园林，成为传统建筑艺术的聚焦点。建于清代光绪年间的吴江县同里镇退思园，是其中的一颗明珠）

图 59　南浔镇小莲庄法国式楼房东升阁和中国式水榭临池相伴

深宅外侧大都建有长弄，称避弄。大户人家除了年节等重要日子，平常不开正门，都是走避弄，因此每进都有侧门与避弄相通，人来客往由避弄出入，互不干扰。这就是《光绪唐栖志·街巷》所说"居家者皆以小弄通出入"的情形。在此之外，避弄的另一个重要作用是将建筑群互相隔离，使之各自形成独立的单位，遇不慎失火，可以防止火势蔓延，所以又称火弄。避弄极其狭窄，宽度大多不足一米，两人需侧身相交。避弄的长度一般就是市镇线状建筑群的横向宽度，有的进深可达三四十米。

因此，在江南市镇，可以见到这样的景象，街市原本已经是又狭又长的一条街道，而从街的侧面，又可以派生出更狭窄、更幽暗的弄堂。现存最典型的江南市镇的弄堂，恐怕要数西塘镇的石皮弄了。石皮弄位于西塘镇西街的西端，弄长 68 米，两边都是高墙，弄堂最宽处不过 1 米，最窄处仅 0.8 米。据说石皮弄地上铺的石板，是把花岗石凿得薄薄的，像层皮，厚度只有 3 厘米，所以称石皮。石皮弄因此得名。

弄堂的作用与街市不同，不是开店经商交易之所，而只是作为通道。还有一种称水弄，是水陆两路的通道。在河—屋—街—屋并行的格局中，船总是在水弄边上停泊，让打算上街的坐船人可以穿过水弄到达镇上，商店中要用船运货物，也选择最近的水弄停船。

图60 避弄

这样一来，镇区建筑总体上形成了单体横向狭长、从市街纵向看则又是细长建筑群的景观。不过单体建筑直长进深的，主要指上岸。在下岸，因其背后受市河之限，无法纵向拓展，深度往往相当有限，基本没有复式院落的情况。只是在某些市镇，下岸建筑往往筑桩搭建水阁，向市河探出半间房屋。总体纵向看来，下岸建筑就会比上岸建筑更细长。

市街房屋临街一面，通常可见到很宽敞的屋檐，构成过街楼檐，雨天挡雨，夏天遮日，为来往行人提供方便。一些市镇街廊蜿蜒，极具特色，远近闻名，在镇上雨天出门上街用不着带雨具。来往的船只停靠在水埠码头，人员货物上岸后直接进入有长长街廊的街市，很是方便。例如，西塘镇在明清时期，就形成了富有水乡特色的沿河长廊。乌镇有条街，因为东面临河，建有长廊，街名就叫"长廊下"。柯桥镇的长廊也名副其实。

当然，这种沿河长廊的形成，有一个很长的过程。一般说来，在沿河街市边上开设的店铺，为了招徕顾客，各自将屋檐沿街加宽，宽到遮住街面，连到河岸。由于店铺与店铺相连，沿街列成一排，因此，各家宽敞的屋檐也就连成一排，形成一条长长的廊棚，为街市上来往行走的人们遮阳挡雨。余杭县一带流传着一句歇后语："塘栖镇上落雨——轮（淋）勿着"，正是对传统江南市镇这一景观的生动描写。

图61　廊棚（乌镇东栅）

图62　过街楼构成的廊棚（新市镇）

这种街市结构形成风格，影响所及，以至江南非水乡的一些市镇虽然不一定临河而设，也模仿构建过街楼檐，如慈溪观城镇的拱形楼檐，极具特色，20世纪末仍有残存。

有些市镇，在临河式的街区模式中，沿河还设有木质靠椅，供顾客憩息、居民纳凉，称"美人靠"。实际上，平日里"美人靠"上坐着的并不是美人，大多是四乡前来赶集的农民。

传统的江南市镇建筑，大多是木屋茅舍，为了充分利用地盘，还相互间挨得很紧，紧紧匝匝，火灾是其最大的威胁，市镇建筑形制也多受其影响，形成了一些特点，例如每个单体建筑两侧屋顶多建封火墙，俗称马头墙，以便隔离建筑物，防止火势蔓延。此外，街市上一道道券门，也具有阻隔火势蔓延的功能。这些最初从实际需要出发的建筑构造，久而久之，在江南水乡人民的智慧与爱美天性的推动下，形成了江南水乡的建筑风格，成为江南市镇一道独特的风景线。

与江南市镇街市建筑相关的另外一个要素，是它的防御设施，在此一并略作介绍。

个别源于军事卫所成地的市镇，如慈溪观城、平湖乍浦等地，可能还有规整的城墙壕沟等防御体系。除此以外，江南中心地带的市镇一般由农村定期集市发展而来，形制规模自然而成，镇区本身守卫防范措施也相对宽疏，基本以河道为中心设置，有水栅、关厢两种。

图63 旅游市镇中被修缮得精致无比的"美人靠"

图64 "美人靠"的"原生"状态(下昂镇)

图65　各式封火墙（一）

图66　各式封火墙（二）

水栅，是指在镇区的各河道入口设置木制栅栏，也有架设铁索的，白天开启，夜里关闭，以防不虞，所谓"置水栅所以备寇盗也"。虽然镇区形制多数不可能形成规整的十字形，但由于中国人传统的四至观念，各地市镇大多有东西南北四栅名称，不但乌镇有四栅，新市镇有四栅，而且连环状的菱湖镇也是"市置四栅"。因此，四栅更多的是一个与市镇商业活动相联系的观念，既作为市镇商业区的四极，也标志着镇区与乡村的分界。水栅一般就设在镇乡分界处。但不少市镇在四栅之外，由于实际河道众多，水栅甚至有多达数十处的例子。

关厢，是指陆地防御设施，一般于市街一端设有拱形门框，装有厚重木门以供定时开闭。如果说，水栅由于河道的关系相对普遍，则陆地关厢基本只是大市镇才有的设置，如乌镇"设有四门"，称为朝宗、南昌、通霅、澄江。碛石镇在明代时由于盗贼活动猖狂，共建了5道关厢、42道水陆栅栏。

总之，河道一直是江南市镇居民交通、生活的中心，市镇的经济运作离不开河道运输，居民的饮食起居也无不依赖于河道。河流，不仅规范了市镇的外观形状，而且也塑造了它们的居民的文化心理状态。

图 67　乌镇挹秀坊关厢

七、繁华富丽压苏杭——百业汇聚

> 旭日满晴川，翩翩贾客船。
>
> 千金呈百货，跬步塞齐肩。
>
> 布褐解市语，童乌识伪钱。
>
> 参差鱼网集，华屋竞烹鲜。
>
> ——[明]周鼎《西塘晓市》

那么，江南各地市街上忙碌的人们都经营着哪些行当，支撑起了市镇的商业，养育着那一方水土呢？

（1）桑棉成市

江南地区的传统市镇，是农村小商品贸易市场。江南农民在日常生产劳动中，不但种植水稻、大小麦、油菜等粮油作物，还种植黄豆、蚕豆、高粱、甘薯、玉米等杂粮，并且栽桑养蚕、植棉纺纱、养猪养羊、饲养家禽、捕捞鱼虾，凡有利于养家者，无不尽力为之。

江南农村自然经济的长期发展，促进了农村小商品贸易市场的发展与繁荣。到明清时代，在江南乡村市镇上设有许多规模大小不一、交易时间不同的市场。按交易时间划分，有晓市、日市、夜市；按交易地点划分，有陆市、水市，水市就是指鱼类水产以及用船载的桑、丝在河面上停泊的船上直接交易；以交易物品的种类划分，有清明前后的叶市、小满之后的丝市、秋冬之交的米市，还有鱼市、茶市等。

江南地区的传统市镇，是以农村经济为基础，并为农村经济服务的。因此，江南农村经济的发展及其特色，也就在很大程度上决定了江南市镇经济的繁荣及其经营特色。

"种季稻来吃一年，养季蚕来用一年。"这句流传于传统江南地区农民中间的俗语，生动反映了江南地区农村经济面貌。江南地区农村经济的主要产业，有粮食产业、蚕桑业、棉业，还有其他相关的一些产业。正是这些产业的发展，促使江南地区形成了农村市场。正是它们的发展，推动了江南农村市镇经济的繁荣。

首先是粮食产业。

中国传统农业社会的粮食作物有稻、黍、稷、麦、菽等种类。经过长期的发展，到北宋时，稻的总产量已经上升到全国粮食作物的第一位。

稻米长期以来就是江南的主要粮食作物。水稻之外，到明清时期，江南地区还大量种植小麦、高粱、马铃薯及蚕豆等粮食作物，还有明末从美洲地区引进的玉米、甘薯等新品种。江南地区的粮食作物，不但种类丰富，而且交换频繁，这就促使各小区域之间农村商品市场的发展。宋元以后，随着江南地区的农业转向专业经济，传统的单一稻作格局改变了，大量种植经济作物。这就使江南农村经济结构发生了重大变化。这种变化刺激了江南农村市镇的发展，促进了江南粮食市场以及与之相关的市镇商业的发展。这是区域经济的专业分工与发展的结果。

明清时期，江南农村市镇的米市普遍发达起来，如濮院、双林、南浔、石门、乌镇、枫桥、平望、新市、王店、硖石、长安等镇，都有规模可观的米市。特别是浙北平原的硖石、长安两镇，由于水陆交通便利，成为著名的粮食贸易市场，从事转销型的粮食买卖。两个镇上布满了大大小小的米行。这些被买卖的米粮，有的来自附近农村，更有的经长江来自四川、湖广、江西、安徽、江苏等地，甚至海外地区。这些米粮，经米粮商的中转或外地米商来镇上采购，有的供给江南缺粮地方，有的运销到浙南福建一带。

粮食一般被直接食用，也有一些经过加工，成为副食品，例如制作成糕点等。江南各地都有各具特色的糕点小吃，如常熟的定胜糕、周庄的袜底酥、乌镇的姑嫂饼、同里的闵饼等。有些由农户自产自用，市镇中也有一些商号，专业制作糕点出售。不过江南地区最具特色的粮食加工业非酿酒业莫属，尤其是浙东绍兴地区以大米酿制的黄酒，成为享誉全国的特产。酿酒的糟坊在乡镇内外均有设置，销售黄酒的商号则无不集聚于市镇，例如柯桥镇，就以产酒、卖酒著名。

江南地区的农村，除了种植粮食作物外，还有其他经济作物。江南一向被称为富饶的鱼米之乡，渔业自然是鱼米之乡的一大经济产业。渔业经济的发展，形成了"水市千家聚，商渔自结邻"的现象。

其次是蚕桑业。

中国是世界上最早养蚕、缫丝、织绸的国家。栽桑养蚕，很早就是江南农村中相当普遍的副业。不过一直到唐朝的安史之乱爆发前，包括江南地区在内的长江流域，其蚕桑业发展水平比起黄河流域来，还略逊一筹。安史之乱严重破坏了黄河中下游地区的经济，也摧残了那里的丝蚕业。江南地区由于没有受到战乱的破坏，经济继续发展。唐朝后期，太湖流域已是江南最富庶的地区。唐末诗人陆龟蒙有"高下兼良田……桑柘含疏烟。处处倚蚕箔，家家下渔筌"的诗句，描写太湖边上的农村，处处堆着养蚕用的蚕箔，家家用渔筌捕鱼，这是家家户户都经营捕鱼和蚕桑副业的写照。随着经济重心南移，太湖流域的蚕桑业在唐中叶以后快速发展，宋朝时赶上并超过黄河流域，成为全国蚕桑业最发达的地方。

图68 [明]朱邦《雪江卖鱼图》

南宋诗人范成大住在太湖流域的吴县石湖镇上，在他的《田园杂兴》诗中，有好几首是以蚕桑缫织为题材的，如："三旬蚕忌闭门中，邻曲都无步往踪。犹是晓晴风露下，采桑时节暂相逢。"又如："小妇连宵上绢机，大耆催税急于飞。今年幸甚蚕桑熟，留得黄丝织夏衣。"

从那以后，讲到蚕桑业，人们就自然而然地联想到江南农村桑树遍野、蚕匾层叠的景象。蚕桑业，成为江南地区农村经济中富有特色的一大产业。蚕桑业产值高，远比耕种粮食作物收益高，因此，江南大片的农田变为桑田，农民全家老小投入蚕桑生产。

宋元以来，江南棉业兴起。明代中叶前后，种植棉花的区域越来越广，经济实惠的棉布和棉花越来越多地取代了丝织品和丝绵，以致中国蚕桑生产的规模有一定缩减。但是，蚕丝毕竟有它特有的优点。丝绵比棉花轻暖，丝织品比棉布纤柔美观，加之明代中叶以后，商品经济日益发展，海外贸易逐渐扩大，社会上对蚕丝，尤其是品质较高的蚕丝仍有相当需求。

而江南地区的太湖流域，蚕桑业已有深厚的基础，经验丰富，加上水土相宜，能够生产优质的蚕丝和丝织品。因此，当明代中叶蚕桑业的规模在全国范围内缩减时，太湖流域，尤其是苏州、嘉兴、湖州一带，蚕桑丝织业却仍能保持繁荣局面，并继续发展，成为中国蚕桑业最发达的地区，以及上等丝绸的主要生产地方。

这里有海内外闻名的叶质肥美的湖桑,有品质优良的湖丝,吸引着许多商人与官员前来采购,形成了专业蚕桑丝绸市场,刺激了江南农村市镇的发展。

随着人口的自然增长,人口压力增大,太湖流域的农村经济结构越来越转向蚕桑专业经济。这是因为,蚕桑生产的劳动更密集化,使得劳动产出的绝对量能够得到相对提高。因此,蚕桑业的发展,促使劳动力投入越来越多,劳动分工也越来越专门化。

江南农村专业经济的发展就是这样,不仅仅体现在种植业的专业化上,而且还体现在,在种植业专业化的基础上,形成以家庭为单位的个体手工加工业,最大限度地增加劳动投入,以获取相对多的收益。最初是一家一户从种桑树、养蚕,直到缫丝,全过程承包下来,自己种植桑树,用桑叶喂养蚕宝宝,等到蚕宝宝长大后,结成蚕茧,把蚕茧缫成丝,最后出售原丝。后来,就有些农户专门种植桑树,出售桑叶;有些农户专门养蚕,出售蚕茧。有些农户则养蚕兼缫丝,出售原丝;还有些农户专门自制蚕种出售。于是,出现了栽桑、养蚕、缫丝、织绸相分离的现象,不同专业生产者之间产生了商品交换的需要,服务于这种分工的商业因此兴起,各种相关商号集聚于市镇,市镇经济也随之发达兴盛。

例如,明清时期江南地区著名的农村市镇之一濮院镇,在南宋时刚从一个草市开始成为镇。濮院镇介于嘉兴与湖州之间,周围农村是蚕桑业最发达的地区之一，因此在元代时开始收购附近农村的丝绸，转售给从远方而来的丝商绸贩，逐渐发展成为丝绸贸易市场。这种丝绸市场的形成与发展，反过来又刺激了近郊农村缫丝业的发展。从明代后期到清朝前期，濮院镇发展到鼎盛时期，成为一个热闹非凡的丝绸销售的商业市镇。商人在镇上开有丝行或绸庄，经营收购或销售丝绸的业务。附近农村的蚕农出售原丝，有的是自己或托人把原丝送到镇上的丝行、绸庄，有的是等待丝行、绸庄来人上门收购。濮院镇上的丝行，有的在收购原丝后，也自行开机织绸，发展起市镇的丝绸手工业。总体说来，濮院镇的商业活动基本上以丝绸为中心，此外还有粮食店、桑叶行、烟叶行、茶馆、酒店等。

到近代，邻近的苏州府吴江县盛泽镇取代了濮院镇，成为丝绸业中心。位于江浙两省交界处的盛泽镇，在明朝初年还是一个只有几十户人家的小村子，叫作"青草滩"。到明朝中叶，这里的桑蚕业随着嘉兴、湖州地区桑蚕业的繁荣而迅速发展起来，到明朝后期，它已经成为一个重要的丝绸集散市场，远近的丝绸商都到这里来采购丝绸。

嘉兴、湖州地区的新塍、双林、南浔、菱湖等市镇，原来也都只是一些小村庄，明朝才发展成为市集，日益繁荣起来。它们的兴起与繁荣，都与蚕桑丝织业有关。

嘉兴地区的新塍镇，到明代已号称是万户的大镇，是销售丝绸、棉布、粮食等的商业市镇。各地丝、棉商人纷纷到镇上做买卖。据记载，新塍镇的能仁寺西有一缫丝泉，水质清洁，为缫丝好水。每逢缫丝季节，附近蚕妇纷纷前来汲水缫丝，缫成的丝质地坚韧，色泽光白。

湖州地区的双林镇，原先是以士族居地而汇聚成的一个商业贸易点。自元代以来，由于周围乡村丝织业的发展，这里开设了绢庄，收购丝绢，成为丝织品贸易点。明初正式建镇，定名为双林。双林镇附近乡村桑园遍布，收益远比种稻谷高。镇上的丝绸买卖生意兴隆。各地客商闻名而来，在双林镇收购丝绢，再远销到各地。其中有来自福建等地的大批发商，他们资金雄厚，在镇上或附近乡下收购丝织品后，贩运到外地推销，或囤积在镇上等待外地商人前来购买；也有一些中间商，他们从农户手中收购丝绸，又转卖给各丝绸行，从中获利；还有许多小商人。无论是来自外地的还是本地的大小商人，只要掌握了丝绸行情，都容易发财致富。双林镇输出商品以丝绸为大宗，输入以米粮为大宗，说明这一带农村蚕桑业特别发达，桑田挤占农田，以至粮食需要从外地输入。

湖州地区的菱湖镇，也是以蚕茧、丝、丝织品销售为中心的商业市镇。镇上有买卖桑叶的叶市，有买卖原丝的丝市。丝绸市场上开设有许多丝绸商店。大的丝行收购原丝后，转销到上海或卖给外国丝商；小的丝行收购原丝后，转手卖给大丝行或前来收购的丝商。还有中间商在乡村与市镇之间奔走，收集原丝，转卖给丝行，从中获利。

此外，有必要特别提一下"辑里丝"——湖丝中的佳品。

浙江湖州是中国最早的蚕桑丝绸产地之一。湖州丝绸市镇的形成始于宋代，盛于明清。北宋初年，南浔由于居民日益增多，村落规模初步具备，因地处浔溪之滨，称为浔溪村。到南宋理宗时，改浔溪村为南林村。到南宋后期，南浔建镇，镇名就取用南林、浔溪两个名称的第一个字，称南浔镇。明代以来，南浔镇属湖州府乌程县震泽下乡，湖州府一带的湖丝早已享誉天下。湖丝之佳，除了栽桑、育蚕、缫丝等方面的技术要求外，栽桑的土质、育蚕的气温以及缫丝所用的水质，也都是十分讲究的。地处太湖之滨的南浔，气候温润，河流纵横，水清如镜，土质黏韧，构成了栽桑、育蚕和缫丝的良好的自然条件。南浔在南宋后期建镇时蚕丝业已经颇为发达。

特别是在南浔镇郊，有个七里村，后改称辑里村，村人选用流经村东的穿珠湾和西塘河的澄清碧水来缫丝，所产之丝光润柔韧。在明代，辑里丝成为湖丝中的佳品。后来村人又改良蚕种，并改进缫丝工艺和操作技术，使所缫之丝具有"细、圆、匀、白、净、柔、韧"的特色。从此,有"湖丝唯七里尤佳"之誉。

慢慢地,辑里村四周百里之地,包括湖州、南浔、菱湖、双林、练市、乌镇、震泽等地所产生丝,都冠以"辑里丝"之名,"辑里丝"成了湖丝的代称。

明清之际,辑里丝主要销于国内苏州、杭州、南京、广州、北京等地,供织造绸缎之用,称"用户丝"。据说,清廷规定,凡皇帝和后妃所穿龙袍凤衣,必须用辑里丝做织造原料,清康熙时织造的9件龙袍,就是指名选用辑里丝做经线织成的。与此同时,也有少量辑里丝经宁波、广州外销,在海外打响名气。清道光初年,辑里村创辑里丝经,即将初缫之生丝合二为一,用经车纺之成丝,特别"富于拉力,丝柔润,色泽洁白"。道光五年(1825年),辑里丝经已外销印度、缅甸、埃及、叙利亚等国。

南浔镇,作为当地乡村贸易市镇,自然就成为辑里丝最大的集散市场。蚕户手中缫制成的辑里丝,或者送到南浔镇上,或者由南浔镇上的商家派人下乡收购运往镇上,集中之后,转运至上海等大城市,或者售给不远万里赶来南浔镇收购的外地巨商。南浔镇因此而欣欣向荣。道光十三年,南浔发生水灾,百姓受饥,官府劝说丝商殷户捐资施赈。可见丝商之富裕。

相应地,这一带农民积极从事蚕桑生产,广种桑树,使南浔成为少粮区,需要靠外地输入粮食,因此南浔镇上的米市也很发达。

图69 蚕匾

图70 蚕宝宝"上山"

图 71 蚕娘收茧（《天工开物·山箔图》）

总之，到清朝前期，太湖流域特别是嘉兴、湖州地区的蚕桑生产更加兴盛，由于蚕桑生产的收益远较粮食作物高，大片农田都栽了桑树，改为桑田，农民栽桑养蚕的积极性高于栽培粮食作物的积极性。蚕桑丝织业甚至成了这些地方乡民的命脉，蚕桑收入往往要占农民年总收入的一半甚至更多。

最后是棉业。

宋元以来，江南棉业兴起，明代中叶前后，种植棉花的区域越来越广，发展到近代前夕，已经形成了一个在全国占有举足轻重地位的棉花种植与棉布生产的专业经济区。

棉花适宜生长于地势较高的沙涨之地，因此，在江南地区的各小区域之间，存在着产棉区与非产棉区的分别。一般说来，江南地区的沿江滨海地带，往往适宜于种植棉花，植棉普遍。从清代中叶的情形来看，江南地区大致有南北两大植棉中心：北有江苏的太仓、松江等地，南有浙江宁绍平原的慈溪、余姚等地，这些地方的棉花已经成为当地的主要作物。

在种植棉花的基础上，农民们还对棉花进行手工加工，将收获的棉花纺成纱，再用棉纱织成棉布，这样，就形成了以纺纱、织布为中心的家庭手工业。有些地方已经在一定程度上出现了植棉与加工，以及棉花加工中纺与织相分离的现象。江南棉区所产的这些棉花、棉纱、棉布，农户除了留一部分自用外，不少都直接作为商品流入市场。因此，棉纱、棉布以及棉花本身，都成了江南农村出产的大宗商品。特别是棉布，作为最后加工成品，是明清以来江南农村棉业经济所生产的最主要的商品。江南棉布输出外地，几乎到达国内各经济区域，有些甚至远销国外，到达东南亚等地。

江南棉布的输出，使得以农民为主力军的织户有了相应的收入，就能向市场采购他们所需的生活和生产用品，从而形成江南与其他经济区域的商品流通局面。明清以来，江南地区成为全国主要商品粮输入地区的历史，就是这样形成的。

作为农村商贸中心的江南市镇，一方面不断输出棉花、棉纱、棉布等商品，另一方面不断输入粮食等消费品，客商船只往来频繁，市镇布满行商坐贾，一派欣欣向荣的热闹景象。于是，以棉业为基础的农村市镇，就在江南沿海滨江产棉地区普遍发展起来，其中著名的有南翔、娄塘、外冈、诸翟、七宝、月浦、真如、三林塘、周浦、法华、周庄、华市、王店、彭桥等镇。

除了江南产棉地区的农村市镇发展起来外，一些邻近产棉区的其他地区，也出现了一批以棉纺织为基础的市镇。这是因为，虽然那些地区本身不生产棉花，但那里的居民具有从事家庭手工业的传统，又拥有充足的剩余劳力，那里的气候也适宜棉纺织生产，地理上更是靠近原料产地，易于取得棉花和棉纱。此外，那些地区与产棉区一向存在着交换粮食、丝绸、棉产品等的传统经济关系。由于这些综合因素的作用，那些地区的棉纺织业也发达起来，相应地出现了一批以棉纺织为基础的市镇。

例如，常州、无锡，本地不产棉花，却是重要的棉布产地，当地市镇里有大量经营棉布交易的商号。吴江县同里镇一带也不产棉，但镇上却也有棉布市，镇民及四乡农户多从事家庭织布手工业。黎里镇妇女也多以纺纱为业。地处松江、嘉兴两府交通要道的枫泾镇，四乡产米，却以棉纺织业著名。海宁硖石镇也是如此。

总体看来，非产棉区的江南棉纺织业发达地区，主要包括江阴中部、东南部，无锡东北部，松江西部、枫泾一带，以及嘉兴府的乌镇、硖石镇等紧邻棉区、水道交通便利之地。这些地区与产棉区中心的众多市镇，共同构成了江南棉纺织业的重要基地。这些市镇上有许多棉花、棉纱、棉布交易市场，以及放纱收布的布庄等。

在粮、桑、棉这三项最主要产业之外，江南各处因地制宜，杂植所出，诗人吟诵称为"九熟居然聚一乡"，并非夸大。相对重要的，例如有茶叶。茶叶主要产于江南的丘陵地带，进入近代以后，茶叶还成为重要的出口商品。在茶叶产区，例如绍兴的平水，市镇商业就因茶叶交易而兴盛起来。此外如湖州的养羊业以及因湖羊毛而兴起的善琏镇的湖笔产业，桐乡的菊花产业，周庄的竹器业，黎里的饴糖业，还有各地普遍存在的利用油菜籽榨制菜油的产业,再加上服务于市镇四乡农民生活的一些行业,如南北百货、银楼典当、腌腊油酱、茶馆餐饮、药材烟杂、铁木加工,还有为农户丝、棉手工业提供后期加工服务的一些行业,如染坊、踹坊等,就构成了江南市镇传统产业的整体。

(2) 商号分布

明清以来的江南地区农业生产以粮、桑、棉为主体,在此基础之上形成的尤其是以蚕桑、棉织等为特色的专业经济,支撑起了一大批灿若星辰的农村商业性聚落——市镇。不同地域间农村经济各有倚重,市镇商业也因此各有特色。学术界习惯将不同地区的市镇归入某种"专业"类型,称之为粮食专业市镇、蚕桑专业市镇,或者棉织专业市镇,等等。事实上,一方面,由于江南不同地区农业经济的特色常常是复合型的,例如前面提到有不少非产棉区却成为棉布的重要产地,而且几乎所有地区,在桑棉生产之外,还同时种植粮食;另一方面,市镇都起着为四乡农户提供他们所必需的生产资料与生活资料的作用,缺一不可,几乎在每一个市镇,物资与服务的供应都可以说是无所不包的。所以,如果以"专业市镇"的概念来强调各地市镇商业的特色,也许恰当,但如果将其理解成具有排他的性质,并且非得将所有市镇都纳入某个"专业"的范围,则可能脱离历史事实。

图 72　江南土布织机

图 73　土纱纺制工具：纱绷架

图 74 弹花机

图 75 晾晒蓝印花布（现在成了市镇景区招徕游客的内容）

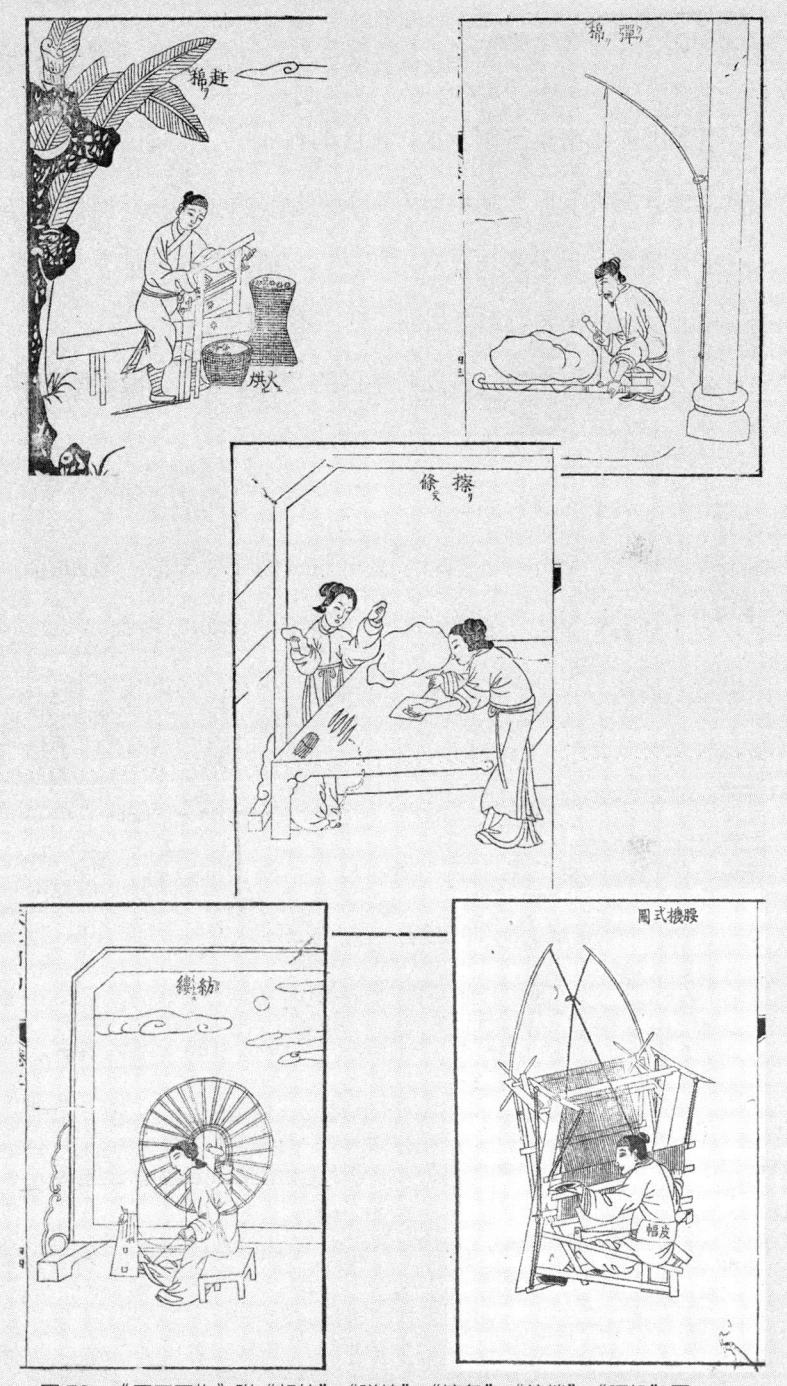

图 76 《天工开物》附"赶棉""弹棉""擦条""纺缕""腰机"图

事实上，江南市镇作为农村地区的商业中心，经济结构是比较全面的，它们同时扮演着两方面的角色：本地区农产品及其加工品的集散地，以及本地区农民生产、生活资料采购批零兼营的商业中心。这两个角色相互依赖，缺一不可。

那么，在江南市镇这种农村地区的商业中心，一般有哪些商号？它们在市街上又是如何分布的呢？

江南市镇上的商号名目很多，有各种各样的店铺和摊贩，例如米行、丝行、桑叶行、茧行、茶叶行、绸庄、布庄、酱园、竹木行、木器行、油行、鲜鱼行、水果行、山货行、南北杂货行、柴炭行、砖灰行、猪行、羊行、鸡鸭行、蛋行、丝吐皮毛行，以及各种风味小吃等饮食服务行业，如大饼油条店、糕团粽子店、茶食店、糖果店、酱酒店、馄饨店、面饭店，还有小客栈、茶馆、书场、中药店、烟纸杂货店，还有属于金融业的钱店、当铺，等等。在各个市镇，不同行业的比重可能互有差异，有其自己的特色，但就分类而言，几乎都是齐全的。

例如据民国《乌青镇志》的记载，当时镇上的店铺商号有：

集散型商业16种：桑叶业、桑秧业、丝吐业、丝业、茧业、绵业、绵绸业、茧壳业、米业、布业、烟叶业、猪羊业、羊毛业、烟业、羊皮业、茶叶业；

服务业及其他商业29种：木业、竹业、桐油业、窑货业、颜料杂货业、衣业、绸缎洋布业、洋广货业、鞋帽业、山货业、草席业、药材业、酱酒业、南北货业、茶食业、襄饼业、茶酒肆业、菜馆业、八鲜业、旅馆业、花爆业、纸箔业、水作业，以及电器业、西医业、钟表业、照相业、煤油业、西药业；

手工业 14 种：竹器业、藤业、冶业、造船业、油车业、糖坊业、染坊业、碾米业、磨坊业、浇造业、香作业、铜锡业、印刷业、银楼业；

金融业 2 种：典业、钱业；

交通信息业 2 种：航业、民信局业。

这其中的 16 种"集散型商业"，反映了市镇作为农副产品集散地的职能。除桑、丝、米、布等业外，还有烟叶、猪羊、羊毛、羊皮等业，是产业多样化的表现，占了地方经济一个不小的份额。以上这些农副产品大部分被销往外地或者供出口，如蚕丝。乌镇四乡无机户，细丝都供出口，粗丝售于杭、绍、盛泽等内地机户；绵绸销往江苏、上海、宁波、绍兴等地；羊皮、羊毛则是近代通商以后农村经济中新增的内容，完全供出口；蚕茧销往外地；烟叶销往江淮一带。其余产品一部分销往外埠，一部分在本地区销售。

"服务业及其他商业"又分三类：第一类为木、竹、桐油、窑货、颜料杂货等业，反映了市镇从外地输入生产资料以服务于当地村镇经济的职能。第二类为百货、酱酒、成衣、茶、饼、旅馆等各类批零兼营商业及服务业，其主要服务对象为乌镇乡脚范围内的农民。大致从明代中叶以来，乌镇一直是桐乡县最大的零售商业中心，到20世纪50年代，乌镇商业零售额仍超过县城梧桐镇，居桐乡全县首位。所以，批发及零售商业与服务业，当占乌镇商业经济一个很大的比例。第三类显然是近代开口通商以后新兴起的各类商业与服务业，与第二类性质无异。

"手工业"的情形略为复杂。前面所列商业、服务业中，如成衣、水作等，其实也包括了手工作坊的成分。"手工业"类所列各业，如浇造、香作、铜锡、印刷等，看来大多是为本地村镇居民服务的，而竹、藤、冶、船以下各业，却是服务当地村镇——主要是乡脚范围内的村镇——的手工副业。或者通过来料加工，由市镇商行将其产品分销外地，来赚取加工费，如竹、藤、冶等；或者加工本地农产品，其产品供本地销售或外销，如碾米、磨坊、油车等。市镇以农产品加工为主的手工业大多具有季节性，基本上是在收获季节后才能展开经营，这些手工业作坊往往与店铺相连，不仅从事生产，而且兼顾销售。市镇中传统行业亦工亦商，前铺后坊，是常见的形态，如冶、造船、磨坊、糖坊、铜锡、香作、银楼等业，有些除了零售外还兼营批发业务。实际上，大多数手工业也兼具商业的性质，构成商业经济的一部分。

"金融"与"交通信息"两类,行业种类虽不多,其重要性却不容忽视。金融业所涉及的具体行业分为两种,即典当行和钱庄。典当作为中国一种古老的金融业,体现的是以质押为主的借贷关系,而钱庄则类似于现代的银行,直接进行货币的借贷,在清光绪年间(1875—1908年)才开始出现。典当业务的对象除了村镇民众外,也有镇上商铺,而钱庄的业务对象基本上是镇上的商家,甚至包括一部分典当行。这两种行业直接以金钱往来为业务,需要有雄厚的商业资本来支持,经营这两项业务的往往是家财万贯的富商,尤以来自南浔的富商为主。典当行与钱庄虽然并不直接参与商品的交换,但是却通过向镇上商铺放款的形式来间接参与商品交换,因而对市镇商业经济的发展起着积极的作用,其兴衰从某种程度上反映了市镇商业的繁荣与否。乌镇"典业在商业极盛之时相传有十三家之多"。

在吴江平望镇,乾隆三十年(1765年),镇上曾有兰余斋生产的薄荷糕,进京充作御膳,相当有名,所以新编地方志说"平望镇的商业始于米业"。当时平望出产的大米、丝绸、丝网、银鱼等商品远销上海、苏州。同时,油酱业、茶馆业、腌腊业、杂货业、药材业、典当业也很兴旺。1934年,全镇有20个行业,446家商号。其中聚顺酱园、萃丰南货店、毛镒昌布店、问心堂药店、张永隆豆腐店、凤园茶馆等十余家,都是经营超过百年的老商号。镇上的手工业涉及铁、木、竹及染坊、粉坊、糖坊和糕点铺等行业。民国时，兴起碾米、电力、丝光蜡线、榨油等工业，有小型碾米厂5家、酒坊5家、糖坊3家、手工业户51家。

据1954年调查，当时平望镇有大小商店201家，从业人员534人，其中棉布店8家，从业人员25人；酒酱店12家，从业人员95人；米行4家，从业人员13人；南北货店8家，从业人员30人；烟纸店30家，从业人员38人；饮食店33家，从业人员92人；服务业29家，从业人员75人；等等。

抗战前，平望镇还有典当行2家，都由南浔镇巨商经营。有老瑞华、吴瑞华、鲁万盛等3家银匠店，出售金银饰品。镇上原有福源钱庄1家，后来又增加大有、震大等钱庄，经营本镇范围内存放款业务。

总之，平望镇的行业类别与乌镇的差不多。一些小市镇的行业类别可能不那么齐全，数量当然更少。

镇区街市分布大致有一些规律，各行业相对集中，如清末塘栖镇，在吉家兜一带，主要聚集了医室、画室、茶室和酒店。从马家桥东侧行进到大鱼池，地形面山临湖，花柳争艳，有湖山之胜，酒楼、茶室大都集中于此，吸引着名流文人前来品茗小饮，赏景作诗。

由于行业相对集中的缘故，还留下了一些以行业命名的街弄。

例如，塘栖镇至今有木鸭（鸂鶒）埭、酱园弄、油车弄、栈房弄、混堂弄、当弄、丝行弄、杀猪弄、秤店弄、灰堆弄、皮匠弄等；盛泽镇有酱园街、踩坊弄、梭子弄、徽州庄（徽州人在此开绸庄）、染坊弄、箔店弄、花船汇等；乌镇有染店弄、茶叶弄、油车弄、酱园弄、蜡烛街、香店弄，还有一些现在已废的巷弄，如缸行巷、酒坊巷、笤帚巷、菜市巷、花粉巷等。

各行业在镇区的分布，在某种程度上也受地理因素的制约，如各镇的米店大多设在市河外侧，以方便米船行驶。像双林镇的米肆，都在四栅之侧，就是出于客船、乡船停泊方便的考虑。南北货、国药、棉布、茶酒等市镇主要的店铺，则集中于街市的中心。

萧山浦沿镇是一个位于钱塘江南岸的基层市镇，规模比乌镇、平望镇等为小。1947年，镇上共有店铺商号37家，其分布情况是这样的：

1947年浦沿镇店铺商号分布表

		华祖堂棺材店	
大浦河	大浦桥		大浦河
	浦沿街	孙庆巨鞋匠店	
		虞福林茶店	
		汪汤凤油烛店	

续前表

蒋恒兴米店		曹顺心糕饼店
张德兴鞋店		叶林祥烟店
张茂兴豆腐店		金荣林百货店
马骥剃头店		章柏茶店
金荣根油烛店	浦	任桐生点心店
许宝根烟杂摊		韩福英茶店
颐寿春药店		张顺兴豆腐店
卢正兴油烛店	沿	汪立源肉摊
曹水根裁缝店		蒋惠昌布店
韩伯林水果摊		蒋佩兰茶店
		韩善绵豆腐店
汪伏安货郎担	街	叶关生南货店
蒋杏炳烟粮店		来永才广货店
张裕盛剃头店		协康米店
陈梅仙烟杂摊		施观林豆腐店
虞兴盛油烛店		养生堂药店
东盛米店		孙大成米店

由此可见一般市镇店铺摊贩分布的情形，百货、服务业居中，米店、棺材铺等居外围。此外有些市镇还有油车坊等加工业，基本也位于市街外侧。

少数市镇因经济繁荣，富户聚集，有时也会出现富商、地主相对集中聚居的情形，如 19 世纪后期南浔镇以蚕丝贸易暴富的一些商人，竞相在镇区南端船场滨一带建造亭园住宅，因此，这里就被后人称作"高级住宅区"，南浔镇籍作家徐迟在他的《江南小镇》一书中就是这么称呼的。不过，总体说来，居民住宅的阶层性分布并不是江南市镇的特色，尤其在规模有限的基层市镇，更是如此。这或许是中国传统城镇区域文化特征在市镇的反映。

江南市镇百业汇聚的商况，甚至被诗人赞誉为"繁华富丽压苏杭"，当然是在传统的高度专业经济化的农业结构之下形成的。进入近代以后，随着西方工商业的渗透影响，如同前面介绍的乌镇等例子一样，江南市镇的传统格局也随之慢慢地产生了变化。

图 77　布鞋店（安昌镇）

图 78　秤店（西塘镇）

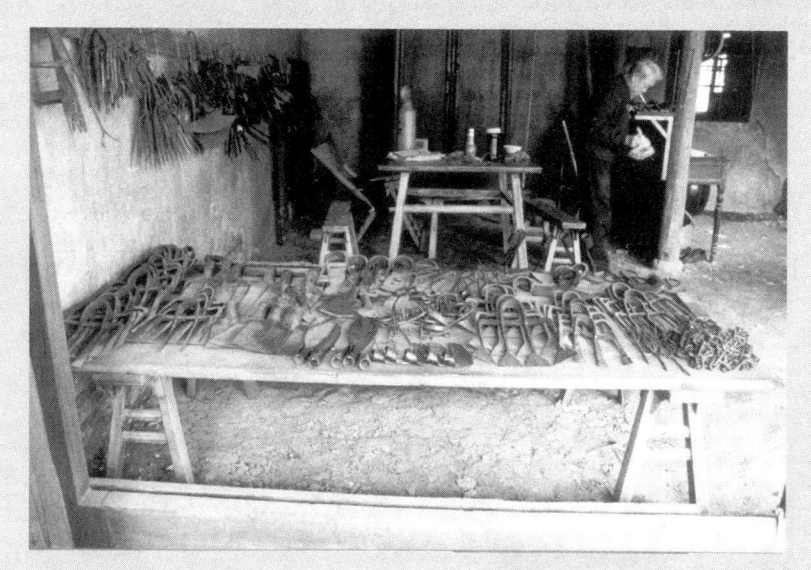

图 79　打铁铺（南浔镇）

图 80　火腿店（柯桥镇）

图 81 刀剪店（西塘镇）

图 82 冥纸店（安昌镇）

图 83 钱庄（安昌镇）

图 84 酒作坊（乌镇）

图 85　箍桶店（安昌镇）

图 86　竹篾行（南浔镇）

图 83 钱庄（安昌镇）

图 84 酒作坊（乌镇）

图 85　箍桶店（安昌镇）

图 86　竹篾行（南浔镇）

八、有约招提茶话去——社会生活

> 春光都在柳梢头,拣折长条插酒楼。
> 便作在家寒食看,村歌社舞更风流。
>
> ——[宋]杨万里《宿新市》

早年笔者在江南地区从事关于市镇历史的社会调查时,常常会问镇上老人一个稍显"刁钻"的问题:"在您看来,你们是城里人,还是乡下人?"有意思的是,多数老人都会跳出我给他们设计的思路,回答说:"我们是街上人。"

"街上人",这一极其贴切的定位,相当准确地点明了市镇居民身份的全部含义。

(1) 四民结构

中国传统社会向来以"士、农、工、商"四民为基本的阶层,这四个基本阶层,也是市镇居民的基本组成部分。

《汉书·食货志》中说："士、农、工、商，四民有业。学以居位曰士"。士绅阶层，位于"四民之首"，在传统中国属于上层社会集团，尤其在一向文风昌盛的江南地区，士绅阶层的势力更显得强大，是江南社会中的领导阶层。江南市镇在经济、文化、社会各方面都是农村生活的区域中心，因此也是士绅在农村地区的活动中心。

自宋代至清代，科举盛极一时，江南才子不断涌现，不少即出自各个市镇。浙江乌镇历史上考中进士64人，中举人167人；南浔镇在宋、明、清三代出进士41人，清代近300年间出文武举人77人；西塘镇出过进士19人，举人31人。江苏同里镇出过状元1人，进士42人，举人93人；吴江县黎里镇考中进士26人，中举人61人。到甪直镇买田隐居的晚唐文学家陆龟蒙，西塘镇有名的明代诗人周鼎、明代进士魏大中，乌镇的梁朝文学家沈约、清朝翰林夏同善，青镇的清代翰林院庶吉士严辰，南浔镇的清代藏书家刘桐，以及南浔镇"七里三阁老"，都属于士这一阶层。

浙江湖州府的南浔镇，在明朝出了三位大学士——沈㴶、朱国祯、温体仁。这三位南浔人都是明神宗万历年间的进士，先后又都位至礼部尚书兼东阁大学士，进武英殿大学士为首辅，相当于宰相，俗称阁老。这三位阁老在南浔故乡的位置各自相距七里，所以，南浔民间就有"七里三阁老"的传说。

农，指农民。中国传统社会是一个以农业生产为主导的社会，因此一向重视农业生产，而农业生产的主力军，就是广大的农民。市镇四乡居民基本是农民，镇区中不少居民也以务农为生。

农民之外，还有一部分手工业劳动者，诸如铁匠、铜匠、篾匠、木匠、泥水匠、鞋匠、漆匠等等，他们属于四民中的"工"。古代的匠户、机户，就属于四民中的"工"这一阶层。匠户就是指古代从事手工业生产劳动的专业人户。不过，匠户没有谋生自由，只能在官府设置的手工业部门劳动，直到清初取消了匠籍制度后，匠户才不受官府的强制。机户是指专门从事纺织业的人户或作坊。机户主要是从农村以蚕桑为业和以纺织为业的生产者中分离出来的。机户起初可能是由家庭成员构成的家庭作坊，后来又吸收了雇工等非家庭成员，构成非家庭作坊。机户的产品大都是商品，有的被官府收购，大部分投放到市场。元、明、清时期，机户也称机家或机房，广泛分布于江南地区的市镇。在明清时期的江南地区，随着专业经济的发展，农户在田间劳作之余，多数时间用以从事家庭手工业生产，农与工之间的界限开始模糊起来。机户可以是匠户，也可以是农户等其他民户。

商，位于四民之末。中国传统社会，以农业为本业，以商业为不务实的末业，历代政府也往往采取"重农抑商"的政策。不过,随着社会经济生产的发展,商品市场的流通与扩大必不可免。商品市场的扩大刺激了农业经济生产的发展,也培养和壮大了商人阶层,促进了江南市镇的发展与繁荣。一些农民或手工业者先是从事生产兼商品贸易,随后就出现了越来越多的专门从事商品贸易的商人。

明初富甲天下的江南富豪沈万三,他父亲当年从湖州南浔迁到周庄,就是靠经商而发迹,并使周庄出现了繁荣景象,形成了南北市河两岸以富安桥为中心的集镇。明清时期是周庄发展最为迅速的时期,这与沈万三的发迹很有关系。沈万三利用水道交通优势,出海贸易,将周庄变成了一个粮食、丝绸和手工业品的集散地,带动了周庄的商业和手工业的发展。

当然,中国传统社会结构的组成,远远不止这四个阶层,或者说这四个基本阶层所涵盖的内容远不像字面上表示的那样简单。例如,江南水乡有广大的渔民。明朝以来,还出现一种被称为"疍民"的水上居民。这种疍民以船为家,他们在陆地上没有户籍,没有房屋,没有落脚处。疍民的全副家当都在船上,漂流四方,艰难谋生。江南地区市镇周围也有这样的疍民,有些地方习称船户。

在传统的江南市镇上,社会各阶层主要有士绅、官吏、地主、农民、商人、手工业者、店员、无业游民,以及其他一般市民等。

具体说来，划分的等级有时还可以更细。

但是，这样的社会阶层结构，是宋元以后全国各地从大都市到基层市镇具有的共性，作为"街上人"的江南市镇居民，又有哪些特点呢？

市镇居民的结构比例地区差异性明显。

明清以来的江南市镇，其社会阶层虽然也由士、农、工、商以及其他一些从业者所构成，但各阶层之间的比例结构不仅与省会郡邑等大城市的不同，即使在江南各不同区域间，也存在着明显的差异。

根据资料的可能，我们下面分别举嘉兴与鄞县两县的例子来做介绍。

作为江南最发达的地区之一，嘉兴县地势条件优越，土地肥沃，既有近海渔盐之利，又兼太湖、大运河水利之便，近千年来蚕桑等专业经济持续发展，城镇化水平较高，市镇繁盛。自明代起，在嘉兴县内形成了王江泾、王店、濮院、陡门、新丰、新塍、钟带（埭）、新行等大型市镇，其他规模相对较小的市镇也陆续兴起。到20世纪20、30年代，全县共有大小市镇41处，形成了从乡间基层市场到县邑中心市场这样一个结构完备的市镇网络。

根据1928年、1931年嘉兴县各区人口数据，以及各市镇的商业店铺数,可以大致得出20世纪30年代嘉兴县各市镇人口数。如果按惯例以1500口为界线,把人数在1500口以上的市镇作为中间市场,人数在1500口以下的市镇作为基层市场,那么,嘉兴地区属于中间市场的有东栅口、南栅、油车港、栖真寺、塘汇、王江泾、南汇、新塍、濮院、王店、凤啸桥、余贤埭、新篁、新丰、钟带(埭)等十五处。其中如新塍、王店、新丰三地,镇区人口都超过5000口,属于特大市镇。濮院若合计属于桐乡县的另一部分,则也属于特大市镇。在人数不超过1500口的市镇中,如果再以人口500为界线,则少于500口的吕家埭、上睦港、廊下、庄家桥、九里汇、莫家笕、清泰桥、泰石桥、十八里桥等九处,可能更接近于村市。

根据这一估计,可以发现当时嘉兴县市镇的人口大致有这样几方面的特征:

其一,中间市场人口占市镇人口总数的绝大部分。合计以上嘉兴全县市镇人口数,其中属于中间市场者约占总数的82%,另外26处基层市场人口仅约占18%,特别是基层市场中的9处500口以下、接近于村市者所占比例更小,不到4%。

其二,由市镇人口所反映的城镇化水平或者说"准城镇化"水平很高。当时嘉兴市镇人口数占全县人口总数的比例约为22.5%;以市镇人口与县城城区人口合计来估算全县城镇人口的比例，为 28.2%。其中属于基层市场者由于"中央性"不够明显，或许不应计入城镇人口之中，则如果仅以县城城区与中间市场人口合计，其占全县人口比例也达到 24.4%。

其三，从市镇人口的职业构成看，农业人口相对较少，市镇作为商业聚落的"中央性"比较明确，因而市镇的人口，尤其是一些商业繁盛的、属于中间市场的市镇的人口，其城镇性已然超过了"乡土性"。

以上分析说明当地市镇人口结构已经较高程度地非农业化，以商业为其职业结构的重心，比较单一，也比较稳定，非农业人口比例相对较小。1950 年，桐乡县大全村河东部分的人口职业结构是：商人和小贩约占 70%，码头工人和工业工人约占 10%，农民占 20% 弱。大全村河东部分与濮院镇商贩经营如同处一市，所以也可以反映作为巨镇的濮院镇的人口结构情况，其他一些相类似的市镇情况应当也是如此。而农商相兼、半商半农的人口结构，一般只在一些毗邻市镇的村落存在。例如海宁县的市镇经济与嘉兴处于同一发展水平，邻近市镇的一些村庄，人们就往往是一半经商、一半务农。

我们不妨把这个商业人口占多数、城镇性已然超过了"乡土性"的例子称为"嘉兴类型"。

另一个例子是浙东地区的鄞县。

鄞县位于宁绍平原的东部，在历史上与杭嘉湖地区相比，发展迟缓，到近代时期，大部分农村市镇仍处于定期集市水平，因此，人口聚集程度及人口结构都与嘉兴类型很不相同。1935年刊行的《鄞县通志》是现存关于这一问题的资料最为丰富的文献。由于文献记载不明确，现在已不可能全面恢复20世纪30年代鄞县农村市镇的镇区人口数据。幸运的是，由于当时农村乡镇划分规模较小，其中一些较大市集都被单独设为一个乡镇，少数虽附有一二村落，仍可估计其市集区人口数，从而得以估计出所有中间市场以及个别基层市场的人口情况。据此，我们可以对当时鄞县农村市镇人口结构做出一些基本推测：

其一，显而易见的是，鄞县缺少像嘉兴县新塍、王店、新丰那种规模庞大、商业繁盛、居民超过5000口的特大市镇。鄞县的中间市场人数大都在1000~2000口，超过3000口的不多，仅姜山、樟村、瞻岐、五乡碶、梅墟、东吴等六处，合计人口不过26056口，占全县市镇人口的5.4%。这一比例还是在宁波市区人口未计入鄞县人口总数的情况下得出的。如果合计市区与乡区人口总数，则中间市场人口的比例更小，仅3.7%。缺少大镇的情况，从某种角度反映出，鄞县农村专业经济的发展相对落后，还未在县区内部形成一定的专业经济中心。

其二，仍然以1500口为界线，将市镇分成中间市场与基层市场两类,则鄞县属于中间市场者,除上述人口 3000 以上者外,还当加上栎社、凤岙、前虞耷、鄞江桥、桃江、陈鉴桥等六处。若这六处平均人口以 2000 计(估计显然偏高),则中间市场总人口不过 38056,占乡区总人口的比例约为 7.8%,远低于嘉兴。相对而言,鄞县的基层市场数量比嘉兴的多,分布也更广。总计基层市场共 47 处,占市镇总数的近八成;若按志书所载 81 处集市计,则基层市场占市镇总数的近六成,远超过嘉兴的比例。这从另一角度证明,鄞县农村市镇的发展相对落后。从这些情况也可以推断,鄞县市镇镇区人口占全县人口总数的比例必然大大低于嘉兴。

其三,更重要的是,从记载所反映的鄞县农村市镇人口结构看,农业人口仍占相当比重,多数市镇尚未成为农村中较单一的商业中心,而是处在一种农商相兼的水平上。

鄞县农村市镇不存在嘉兴县市镇那样比较稳定的店铺—人口比例。若以集市商摊数对比市镇人口,如鄞江桥镇为 1:13,横溪市为 1:15.5,横街头为 1:16.5,这些是比率较高的例子;另一些市镇,如梅墟为 1:57,宝幢为 1:107,前虞耷为 1:92,姜山为 1:54,与前者相差悬殊。若以各市镇常设店肆数来对比镇区居民数,互相间差距更为悬殊。这种店铺—人口比率悬殊的情况说明,鄞县农村市镇人口的职业结构,基本上是农商相兼、半市半乡,互相间差异极大。市镇经商人口并不占多数,才会出现店铺—人口比例悬殊的情况。

《鄞县通志·舆地志》辛编《村落》记载了鄞县许多市镇人口职业的情况，如董家跳市的居民，务农的占十分之七，经商的占十分之二，做工的及其他从业者占十分之一。在聚居人口最多的姜山镇，除了经商者，更多的人从事捕捞墨鱼的渔业，并兼做西装裁缝。拥有3800多人口的瞻岐市，务农者多，经商者少。横涨镇也是经商者少，务农者多，妇女则从事织席、编草帽等手工业劳动。位于东乡的梅墟镇，号称聚居了近6000人口，农、工、商并存，而且还有不少渔民。胡家坟市村民的职业是农商参半。定桥的居民中，农、工、渔、商兼而有之。据这些基本的人口职业比例，可以认为，多数市集实际仍是以农业生产为主的村落，到了市集日，由外地商摊前来形成集市。如桃江村，除略有几家家庭布厂外，并没有常设性商店，市集日的45家商贩，多数是从别处前来设摊的。所以，尽管鄞县农村个别市镇的人口也达到一定规模，但从其职业结构而言，并不能与嘉兴县相同规模的市镇相提并论。从总体看，鄞县类型的市镇作为城镇的"中央性"尚欠明确，其人口的"乡土性"高于城镇性。

我们不妨把这种其人口的"乡土性"高于城镇性的情形，称为"鄞县类型"。

嘉兴类型与鄞县类型，可以说代表着江南地区传统市镇发展水平的两极。江南各地市镇都可以在这两极之间找到自己合适的位置。对于其间的差别，行政地位等因素少有影响，关键在于商业——实际上也就是四乡农业的专业化程度——的发展水平。当然即便在商业最为发达的嘉兴类型中，市镇的城镇化水平与省会州郡等都邑比起来，也存在着相当的差距，这就是所谓"街上人"与"城里人"之间的差距了。

这种差距，在很大程度上可以通过生活习俗体现出来。

（2）生活习俗

中国传统帝制国家对民户的管理，向来并不区分城乡，无论是身份定位，还是基层的管理体系，都是如此。从宋代开始，制度有所变化，开始为城镇人口设立专门的户籍，称作"坊郭户"。这倒不是像后世那样为了政治控制，而更多是为了与城乡不同税制相匹配。当时就明确规定将市镇人户划为坊郭户。不过市镇坊郭户城镇化水平的提高，还得经过漫长的历史演变过程。

大量人口集聚于城镇，由于其社会地位、生活方式与乡村农户存在着差异，从而慢慢地从心理到习俗与乡村明显拉开距离，形成独有的市井文化，这也是从宋代开始的。从存世的文学作品中可以看到，在城乡之间政治、经济乃至文化地位落差的对比之下，城市居民开始形成以村落"乡气"为嘲弄对象、鄙弃乡人的习气,正如北宋著名的史学家司马光所指出的,"世俗俳谐,共以农为嗤鄙"。都市娱乐市场上甚至出现了"借装为山东、河北村人,以资笑"的文艺节目。在文人士大夫的笔下,一方面,他们抱怨村落乡野生活质量低,"百物无有",生活不方便;另一方面,更不吝笔墨,去描写农夫村妇羡慕都邑繁华生活的心理。南宋诗人范成大的一些诗作就相当典型,例如他的《夔州竹枝歌九首》中,就有一首写道:"瘿妇趁墟城里来,十十五五市南街。行人莫笑女粗丑,儿郎自与买银钗。"还有《灯市行》:"儿郎种麦荷锄倦,偷闲也向城中看。……侬家亦幸荒田少,始觉城中灯市好。"这实际上代表着城里人的一种文化炫耀。反过来讲,农夫村妇的"偷闲也向城中看",则体现了某种文化上的心理落差。而市镇居民,在户籍制度上被划成了坊郭户,夹在城乡之间的那种"街上人"的身份定位,恐怕也正是从宋代开始演化的。

具体而言,作为"街上人",他们的生活与习俗,一方面虽然无法与都邑居民相比,但许多无疑已经围绕着商贸活动为中心来展开了;另一方面,却仍然无法与农业经济与农事习俗完全脱离关系。

例如,市镇居民与四乡村民的日常生活水平,相互间就有一些差别。

就收入水平而言,19世纪30年代的统计资料表明,上海、宁波等城市居民的收入属于最高的第一阶梯,工人年均收入为

200元。市镇居民的收入居于中间水平的第二阶梯，一般商行伙计的年均收入为100元。乡村农民的收入居于最低层次的第三阶梯，年均收入不到100元，低于市镇居民收入。因此，市镇居民在经济、文化等方面的消费水平，也必然超过乡村农民，以至镇上人与乡下人很容易分辨出来，其衣着、举止都不同。

当然，在同一收入阶梯里，情形也不尽相同。例如，像南浔镇这样发达的湖丝贸易中心，居民收入达到当时江南地区市镇居民收入的上限，各行业的伙计阶层的年均收入在100元以上。即使在同一市镇里，由于从事的行业各有不同，加之在各行业中担任的职务高低不等，收入多少也不一样。

鉴于都市、市镇、乡村的居民收入呈现三层由高到低的阶梯结构，各阶梯居民的消费水平也相应不同。市镇介于都市与乡村之间，消费水平呈中间状态，比都市自然要低，比乡村则要略高。

在乡村，中国农民的生活向来清苦，即便在号称富庶的江南，也不例外。中国农民的节俭，并不仅仅是一种精神传统，更是出于实际生活环境的要求。中国传统社会农业经济效益相对较低，人口却一直在增长之中，江南地区还要承担国家沉重的赋税负担，这一切，使得广大农民的消费水平一直维持在很低的水平。

有资料显示，在当时的平湖县，普通农家一日三餐，早餐喝稀粥，午、晚两餐吃米饭或杂粮，当然，在农忙时节也有一天食四餐者。粥料一般为麦粉或玉米粉，米饭则为粗粝之糙米。这已经算是很不错的饮食了。贫苦的农民家庭，在青黄不接之时，一日三餐都喝稀粥或吃杂粮，在粥内拌以蚕豆，或在饭里杂以玉米。有些贫民甚至一日三餐都以玉米、瓜果或芋头充饥。一般农民所吃的蔬菜，大都是自己种植的青菜或盐菜、萝卜、瓜、豆类等。除了过年节或款待宾客外，平时很少吃荤菜，有时由小孩往河边捕捉小鱼虾、螺蛳等以佐食。

市镇居民的日常生活消费水平则要略高一点。据笔者在嘉兴王店镇的调查，镇上老人回忆说，镇上的居民穿洋布早，农民一般穿土布，使用土毛巾，衣服破烂一些，桌上的菜差一些，肉很少。在镇上开店比在乡下种田过得舒服，收入也高一些，因此居民生活要好一些。关于市镇与乡村包括生活条件在内的种种距离，南浔镇有句民谚直截了当："乡下第一，跑到街上排行第七。"

不过从总体看，对于一般市镇居民而言，其消费结构与农民的差别并不明显。农村地区生活水平普遍较低，糊口经济占主导地位，因此也特别看重饮食。江南乡镇人家除一日三餐充饥果腹之外，还往往借逢年过节及喜庆之名，改善伙食。例如，婴儿出生第三日，称"三朝"，要吃"三朝面"。主人家在面上加盖鸡、鱼肉等菜肴，款待前来道喜的亲友，分送近邻。婴儿出生一个月称"满月"，小康人家一般都要设家宴庆贺，款待亲友，抱婴儿见客人，称为摆满月酒。又如家有少年初长成，家长领着前去拜师学艺或谋生，要带上蹄子、糕点等食品作为礼物，行拜师礼。凡事离不开一个吃，连民间谚语和歇后语里都充满了吃食，如：一日三餐粥，安耽就是福；饭吃三碗，闲事勿管；冷粥冷饭好吃，冷言冷语难听；吃饭防噎，跑路防跌；冬吃萝卜夏吃姜，勿请医生开药方；少吃多滋味，多吃坏肚皮；心慌吃勿得热粥；刀切豆腐两面光；馒头吃到豆沙边；叫花子不留隔夜食；满饭好吃，满话难讲；巧媳妇难做无米饭；兔子勿吃窝边草；羊肉勿吃着，惹了一身臊；晴天带伞，肚饱带饭；白吃杨梅嫌嘴酸；要吃羊脑子，勿顾羊性命；麻油拌蒿菜，各人各喜欢；吃尽天边盐好，走尽天边娘好；开了饭店勿怕大食汉；盲子吃死蟹——只只好；瞎子吃馄饨——心里有数；小葱拌豆腐——一清二白；关云长卖豆腐——人强货弱；吃猪头不用筷——牙啃啃；哑子吃黄连——有苦难言。

江南地区市镇居民的消费水平和内容，不同市镇、不同时期、不同行业以及不同阶层，并不是划一的，而是受到诸多方面的影响。

首先受到市镇经济兴衰的影响。南浔镇在湖丝贸易全盛之时，曾有一首歌谣描写蚕丝贸易行业的恣意消费情况："丝行店伙真写意，头发梳得光，咸蛋吃个黄，鱼虾喝点汤。"20世纪20年代起，浙东一带草帽编织业兴起，带动了当地市镇经济的发展，如慈溪长河市由于市容兴盛,人称"小上海"。当时的资料记载,长河市的夜晚,长街处处汽灯照亮,如同白昼,人来人往,热闹非凡。洋行、商行、贩子大发"草帽财",使长河市出现四多:开商店经商的多,造新楼房的多,买土地的多,抽鸦片的多。自然,农村经济衰退也必然会影响到以农村经济为基础的市镇商业,使市镇经济产生波动,甚至一落千丈。

其次,市镇居民的消费水平也由于从事行业的不同而有所差别。有些行业收入高,消费水平也相应高。例如典当业这种中国古老的行业,在近代金融机构兴起之前,有着十分重要的经济、社会地位,作为一种综合性金融行业,与人们的生活息息相关。在正常情况下,典当业是只赚不亏的,所以在各行各业中,属于富裕行业。市镇居民如果能进入典当业谋职,算是捧到了一只好饭碗。

最后,市镇居民由于阶层不同,收入高低不等,消费水平也存在相当大的距离。一般说来,江南士绅阶层的生活消费一直维持在高水平线。此外,在近代江南市镇中后来居上的工商阶层也是消费大户。镇上普通的小商人、小业主,属于中等消费阶层,他们一般在镇上开设店铺,不少人在乡间还有一定田产,经济相对宽裕,过着温饱有余、自得其乐的小康生活。民国年间江南市镇商业店铺的习惯是,伙计的伙食由东家供应,每旬一次肉食。据王店镇姚氏船场家人回忆,抗战前家中一般每周可吃到一次肉食。店铺的伙计、学徒和临时帮工属于低收入阶层，消费水平也相应要低。

此外，市镇居民的消费内容还受到近代工业主义的影响。传统时期的市镇居民很少有离开本地到大城市去的，在市镇经济圈内，生活消费品都是本地制的，吃的是土产品，穿的是土布衣，自给自足。近代以来，随着近代工业主义影响逐步深入江南农村，近代工业品逐步渗入农村市场，乡镇居民的生活不仅与市场发生了更多的联系，而且超出了传统区域经济的范畴。洋布、洋油、洋烛、洋火、洋皂，以这"五洋"为代表的近代工业品渗入农村地区，首先影响了市镇居民生活的消费内容，继之再影响周边的农村生活。

再如，在社交娱乐生活等方面，也有许多体现。

市镇居民并不缺少闲暇生活。闲暇生活主要体现在两个方面：社交活动与娱乐活动。市镇商贸业的顾客主要是农民，大多早市以后即可收市打烊，忙个一大早之后，过了中午就有闲暇。

杭嘉湖苏南一带流行的民间戏曲活动的一种组织形式，叫坐唱班，又称牌子、奏郎担，顾名思义就是坐着唱的戏曲清唱班。据传坐唱班始于明末，盛于清代，活动于城镇乡村，为办喜事、做生日、造屋上梁、儿孙满月、庙会和达官贵人宴请时庆贺助兴，以示欢乐吉祥之兆。其特点是只唱不演，便衣相对而坐，6~8人为一台，以男角居多，也有男女混合班，围坐奏台四周，人手一种或几种乐器。乐器有板鼓、鼓板、大小锣、碰铃、京胡、二胡、琵琶、三弦、笙、箫、管、笛、唢呐等。根据剧目和曲目拉唱，有时一人兼数角，生、旦、净、末、丑行当俱全，一人要轮换用几种乐器，以唱为主，也有说白和音乐。坐唱班在明清时以唱昆曲（俗称"拍曲子"）居多。清末至1949年以唱京剧为主，也唱昆腔、徽调、地方小戏、滩黄，也插唱曲艺和时新小调，有时坐唱班还兼结婚户的掌礼迎花烛、迎亲、暖房等执礼仪者，或成为吹鼓手，能分能合，以适应需求。清代以来，海盐县境内先后有100多个坐唱班。民国以来有30多个班子流动于海盐境内和平湖、海宁、嘉兴一带。

江苏黎里镇1949年前每逢过年过节，地方商会等团体即向镇上头面人物和富裕户募资，邀请外地的戏班子来本地演出，因无剧场，往往在露天搭台，俗称"草台班戏"。演出时，男女老幼纷纷赶去看戏。所请戏班唱的以京戏居多，也有绍兴戏（越剧）。大户人家办喜事、做寿时，往往请外地戏班演戏，但看戏对象只限于主人家的亲朋好友。

黎里人喜听评弹，镇上从清代起有十几处书场。书场大多附设在茶馆内。每天下午、晚上两场，带卖茶水。也有私人出重金请上海、苏州的评弹名家来黎里，临时开设家庭书场。牌子最老、名望最大的要数黎里中市的蒯厅书场。这是阔绰人家的一座厅堂，明亮宽敞。厅内方砖铺地，漆柱高耸，冬暖夏凉，是理想的娱乐场所。起先因为场主不善经营，生意反不及酒肆茶楼的小书场兴隆。有一年，场主请来著名弹词夏调的创始人、人称"描王"的夏荷生来黎里演唱,一时吸引了大量听众。小有名气的艺人纷至沓来,争先恐后要到蒯厅"摆场子",于是书场一度兴盛,后又由盛而衰,代之而起的是易安书场。

坐唱班唱戏等娱乐活动当然集中在镇上,以镇区居民为主要消费对象。四乡农民专程前来观看的并不多。乡间年节时也有请草台班子演戏的,但不像镇上那样集中、频繁。此外,农村里还有流动说书人,其规模与效果当然就不如镇上书场了。

最能代表江南市镇闲暇生活特色的是茶馆与庙会(香市)。

茶馆,是江南市镇上的一道风景线。去茶馆喝茶,在江南许多地方称为吃茶,几乎是市镇居民共同的一大消遣或一大爱好,可以说是日常生活中必不可少的一个组成部分。当然,在传统社会生活中,喝茶主要是男人的活动。

茶馆遍布各地市镇。抗战以前,南浔镇有茶馆50家,茶叶店6家。1948年,乌镇有茶馆58家,茶叶店14家,从业人员161人。吴江盛泽镇晚清时据说有茶馆百家之多,到1949年,登记在册的茶馆73家。20世纪20、30年代间,三四千人口的平望镇也开设有茶馆三四十家。1947年,平湖县城及各市镇共有茶馆273家,其中新埭有34家,虎啸桥有27家,新仓镇有22家,全公亭、街前、金桥三个小镇共有38家。

茶馆与人们的物质生活、文化生活密切相连,吃茶是一种颇具特色的文化现象与生活方式。茶馆不仅是人们喝茶、用点心之处，更是人们交流信息、洽谈生意的场所，是人们闲暇休息、社交活动的聚集地。传统娱乐活动如说书、听戏等，基本都在茶馆举行。市镇居民劳作之余，闲暇消费颇为有限，茶馆实在是他们唯一可以经常光顾的娱乐场所，所以不少人每日必到茶馆一聚，称为"孵茶馆"。四乡农民到镇上来，必到茶馆落脚，会朋友，聆市面，所以，茶馆又是市镇作为乡间社区中心的直接表现。茶馆还是江南市镇民间解决纠纷的一个公认的理想场所。行业起冲突了，商人闹纠纷了，邻里有矛盾了，家族出问题了，往往就请仲裁出面，安排争执双方坐到茶馆，三对六面，协商解决，称为"吃讲茶"。

总之，市镇社会各阶层人士无不聚集于茶馆。因此，茶馆又有等级类型之别。有些茶馆门面较大，设有书场雅座，供应茶点瓜果，成为市镇体面人士光顾之所；有些小茶馆设备简陋，粗茶破碗，价格低廉，往往作为到镇上赶集农民的落脚点。镇郊农民，风雨无阻地起三更赶远路，摸黑进镇，坐到茶馆里，喝喝早茶，听听轶事新闻，互相通通农贸市场的买卖行情，顺便把带来的鸡鸭蛋菜等农副产品在茶馆边卖掉，采办一些油盐酱醋或花布、小孩吃的零食之类的物品，带回家去。所以，镇郊农民主要喝早茶，他们喝完早茶还要赶路，回去干农活。专门服务于四乡农民的那些低档小茶馆，镇上体面人士一般是不会去的。

除了早茶，还有午茶和晚茶。一些规模大的茶馆，还设有书场，是镇上中老年人理想的娱乐场，一般在晚饭后开始说书。据《沈荡镇志》记载，民国年间沈荡镇上开书场的茶馆先后有5家。书场设在茶馆内，往往是外堂开茶馆，内堂设书场。听说书的人，每人买一壶茶，边听书，边喝茶。有的茶馆还供应瓜果点心。说书先生与茶馆主的经济收入是四六拆账。说书先生由茶馆主向外地聘请，双方商定说书内容、收入分配和生活待遇等。

市镇的茶馆消费在近代并无明显变迁，但随着社会的发展增加了一些新的内容。茶馆既为市镇的公共活动场所，近代以来一些公共性活动不少也就借茶馆之地进行，如宣传性演说、放电影、民众教育活动等。20世纪40年代吴兴菱湖建设协会在附属市镇设置蚕桑指导所，有些即将茶馆作为联络宣传地点。茶馆这一传统的公共场所通过这些新文化内容，发挥了新的作用。

茶馆的实际作用还不止于此。例如，近代邮政事业从都市深入县城以至市镇，但往往达不到更基层的乡村农舍。这时茶馆就成为一个中介。乡村农民来镇上泡茶馆时，会把要发送的信件带到茶馆，交给茶馆主人代为投寄，而当地市镇的邮政分局也逐渐熟悉四乡农民的大致行踪，会将收到的外地信件交给收件农民惯常落脚的那家茶馆。

以某一寺庙为中心，定期举行带有宗教色彩的聚会，称为庙会,也称香市。这是中国传统社会一个十分普遍的文化现象,江南地区尤甚。各地市镇多寺庙,大多形成一些各具特色的庙会传统。庙会的香火兴旺与否,事关庙脚的兴衰和庙神的荣辱,因此是一方民众社区生活的大事。庙会一般包括祭祀、迎神、赛会等三种方式,具有求神、买卖、娱乐的功能。庙会、香市的求神活动既表现出民间的信仰,又折射出世俗化的佛道信仰,更反映了民众祈丰收、盼太平的心理要求。

当然,在民众实际社会生活中,庙会最突出的功能还是在娱乐与经济方面。农村生活艰辛,难得温饱,社会娱乐更少,定期的庙会对于一般民众来说是一种难得的欢乐和必要的心理调节,有时简直近乎狂欢节。市镇商人则更看重庙会的经济功能。庙会期间,人员聚集,大大超过市镇原有乡脚的范围,因此是商人做生意的大好时机。无锡的一个小镇甘露镇,每年农历三月底至四月初,择日举行甘露寺庙会。届时人们从上海、杭州、无锡、苏州等地赶来,人数超过两万。镇上的茶坊酒肆,面店饮馆,烛香烟纸各业,生意顿时兴隆,利润比平时增加好几倍。因此,市镇商人往往是庙会的积极组织者与资助者。

江南各乡镇的庙会,基本内容大致是迎神、演戏以及庙会集市。例如浙东鄞江桥庙会,可算得上是典型的江南乡镇庙会。鄞江桥位于樟溪、光溪、鄞江的汇合处,是鄞县西部重要市镇。唐代王元玮任鄞县知县时,在鄞江上主持建造了它山堰,灌溉鄞县西部一带,是古代著名水利工程之一。从北宋初年起,在它山顶上,以原王元玮生祠为基础建有它山庙,并开始形成庙会传统,一直持续到民国年间。它山庙会有"三月三""六月六""十月十"三次,统称鄞江桥庙会。其中规模最大的是六月六庙会。农历六月初六正值稻花盛开,所以又称"稻花会"。庙会活动从六月初六凌晨迎神出殿巡游开始,经鄞江、洞桥、宁锋、句章四个乡镇,行程二十里左右,俗称"行会"。沿路有祠庙设的大供点十处,途中迎神抢抬神轿,是庙会的高潮。至夜晚九时回庙进殿,有河台戏班演一台进殿戏。第二天又演日夜二台戏,名叫"安神戏"。演毕安神戏,庙会结束。在庙会期间,镇上形成集市。各地农民前来鄞江桥拜神,看戏,赶市集,熙熙攘攘,人山人海,把庙会市集挤得水泄不通,只听得吆喝叫卖声、讨价还价声、呼朋唤友声、敲锣打鼓声、吹拉弹唱声、击掌喝彩声,此起彼伏,喧哗鼎沸,好一派江南乡镇庙会集市热闹的景观。正所谓:"通街士女涌如潮,历乱灯光照碧霄。箫管酿成春一片,还疑今夕是元宵。"

到近代后期,受到经济衰落、战争破坏以及新文化运动的影响,江南各地市镇的庙会趋于沉寂。

以上这些,都体现了市镇作为乡村商业中心的角色。

图 87 乌镇东栅观音小殿（到了水乡市镇，也就顺势将正门开设成背街面河了）

图 88 避邪镜

图89 古道小船

图90 廊棚下的午餐（西塘镇）

图 91　乌青镇水龙会集贤坊救火会

图 92　水龙

图 93　南浔镇教堂

图 94　宗教是市镇生活的一个重要侧面——甪直镇保圣寺

图 95　挑担农妇

图 96　茶馆（安昌镇）

图 97　乌镇修真观戏台旧影

图 98　修缮一新的安昌镇城隍殿戏台

图 99　乌镇访庐阁茶楼旧影（上）、今貌（下）

图 100　市河边买鱼组图（柯桥镇）

余论　近代变迁的基本路径

最后，有必要简单交代一下江南市镇近代以来的变迁路径。

历代诗文对江南市镇的传统描绘，无论是"水市千家聚，商渔自结邻"的地理框架，还是"塘东早市自堪夸，乡妇春秋惯纺纱"的经济结构，都是由它们作为"存于农村经济上面"的商业中心性质所决定的。

宋元以后，尤其到了明清，江南地区随着人口增长，为了获得最大收益，农业愈来愈转向劳动密集型的经济作物生产，呈现明显的专业化倾向。与此相适应，农村商贸交易的需求增加，从而促进了商业网点的发展，规模扩大，数量增多，成为江南农村内部互相间及与其他各经济区域间进行商品交换的中心。这就是传统的以优美繁盛著称的江南市镇。

传统江南市镇互相间具有一定层级关系。大致讲，按"商况较盛者为镇，次者为市"的两级划分习惯，作为方圆二三十里乡区的商业中心,能够直接与更上一级市场即县邑市场(中心市场)相联系者,为中间市场(镇);腹地较小,仅供周围数村农户交换一般生产、生活资料之需的小市场,为基层市场(市)。在县邑市场之下,往往有数个乃至十数个中间市场、数十个基层市场。这些规模不等的商业聚落形成一个市场网络,将江南农村的每一个角落与外部世界联系了起来。

传统市镇介于都邑与乡村之间。乡村士绅富户多聚居于市镇,所以市镇是传统乡土文化的中心。市镇生活的面貌虽与乡村的有一定距离,仍具浓厚的乡土风貌。市镇是一方农户经济活动的中心,同时也是其社会活动的中心。

市镇形成的这一经济基础,不仅规范了一方民众的日常生活,也影响了他们的文化心理。

但是,从19世纪末叶起,江南市镇在经济基础、市场结构、社会生活,乃至文化风貌等几乎所有方面,都逐步地、或多或少地发生了变化。孤立地看来,这些变化都是缓慢的、琐碎的,乃至是微不足道的,但聚集起来,就构成了一幅颇为生动的社会变革的画面,标志着市镇社会进入了现代化的进程。

到近代后期,至少在表面上,江南各地市镇的社会生活互相间差异还不是很大,既在总体上保持着传统的面貌,又各自或多或少呈现了一些"现代"景象。镇区形制大体如旧,依河设市,弯弯的小桥，狭窄的市街，傍河建屋，半是水阁，一个又一个的河埠头，船只往来。现代市政设施略有发展。属于中间市场的不少市镇用上了电灯，但多为店铺及富户享受。多数市镇开通了电话。其他如环卫、消防等设施也有所改进。但镇区的发育仍处于单一街区水平。即便在现代交通可达的市镇，镇区也并不向汽车站或火车站方向扩展，而是仍沿市河延伸。少数建有近代工业的市镇，镇区包括了工厂建筑等内容。为数不多的一些市镇建起了戏院等新式娱乐设施，但市镇居民的主要娱乐活动仍然是到茶馆去聊天、听书。流传下来的节日习俗仍受人们的尊奉重视，但大规模的庙会活动因时局、经济等影响，或停或改，已不如从前那么热闹了。市镇的生活节奏随农时而变化，人们早起早息，闲散缓慢，一如既往。变化最明显的大概是人们的衣着打扮了。男人脑后的辫子不见了，年轻女子也不再缠足。到 20 世纪 30 年代，随着乡镇基层政权机构的创建，人们在观念中，也逐步将区镇乡政府作为一方政治中心。以洋布、洋油、洋烛、洋火、洋皂等"五洋"为代表的近代工业品成了人们日常生活的必需品。汽轮的开通，缩短了市镇与大城市之间的距离，既为镇上的居民运来了各式新颖的工业品，也为他们带来了外面世界的信息。人们向往着大城市的生活，青年男女外出求学，一去不返；外出经商就业者，大多也携妻将孥，陆续移居都市。江南市镇不再是传统观念中的田园乐土,与膨胀中的近代工业都市相比较,它们已经落伍,不再那么吸引人了。

在这种看似雷同、缓慢的变迁过程中,江南各地市镇其实面临着并不相同的生存境遇。

从19世纪60年代起,江南农村专业经济开始感受到中国社会近代转轨步伐的推进,并进而影响到在传统经济基础之上形成的市镇。丝茶等农产品出口增加,刺激了江南农村经济,蚕桑等专业经济地区扩大,各地市镇也因此有了相当的发展,一批市镇崛起,有些还成为某种特定产品的贸易中心,如吴兴南浔镇的湖丝贸易。稍后,随着以上海为中心的近代工业都市崛起,国外工业品进口增加,工业主义影响逐步深入农村地区,尤其是农产品日益被纳入国际贸易市场,江南农村传统的专业经济既受到严重挑战,又得到新的刺激。一方面,以棉布业为代表的传统家庭手工业深受机器生产的冲击,先是土纱业,后是土布业,逐次衰亡。其他一些工艺色彩较少的传统手工业也遭到了同样的命运,如手工缫丝业、土针业、土油坊业等。此外,前期曾一度勃兴的丝茶等出口品受到其他国家产品的激烈竞争,在国际市场所占份额日减,这些都影响到了农村经济乃至市镇经济,使之走向衰落。另一方面,随着近代轻工业在以上海为中心的近代都市的建立,特定的农产品原料市场迅速扩大,如原棉生产扩大,无锡等地蚕桑业兴起。丝茶之外的一些农产品也开始进入外贸领域。这些都是江南农村根据市场需求变化所做出的调整。同时，一些新的替代型家庭手工业兴起，最先是毛巾业，随后是花边、织袜、草帽编织等业。而且，近代工业出于就地利用原料及人工等目的，也开始从都市向农村地区的市镇扩展，少数条件合适的市镇因此兴建起了一些近代工业。总之，近代都市工业主义的影响，既打破了江南农村传统的农业与手工业相结合的经营方式，强迫依附于农村专业经济之上的家庭手工业与之分离，并走向衰落，使蚕桑、棉花等专业经济日益成为国际贸易体系中的原料生产，又由于它的影响，为江南农村提供了一些新的选择机会。依附于农村经济之上的市镇于是也就不得不在网络结构、经济成分、经营方式等许多方面，做出调整，产生变化。多数市镇仍然维持着作为"农村商务中心"的地位，并随着农村经济的兴衰而起伏；少数市镇因农村经济衰退、战争破坏、交通道路变易等缘故，走向衰败；更有为数不多的一些市镇，由于种种得天独厚的因素，成为近代工业向农村扩展的前沿，聚集较多的现代因素，偶尔呈现出些许工业小都市的面貌。因此到20世纪20、30年代，江南农村地区的市镇开始出现分化的趋势。

这种分化的趋势几乎体现在市镇政治、经济、文化等所有方面。近代交通从19世纪末起被引入江南地区，先是轮船，后来又有了火车、汽车。真正影响市镇生活的是轮汽船。但一些出现了火车、汽车等近代交通工具的市镇,其本身毕竟具有了更优越的发展条件。即便如轮汽船,也因航线等因素的不同,使得不同市镇处在了并不相同的地位上。在 20、30 年代乡村基层政权建设过程中,一些市镇开始有了地方政治中心的地位,另一些市镇则否。一些市镇由于近代工业的建立,不仅聚集了可观的资金,还引入了大量的近代职业人口,其中多数为女工,使得市镇在人口的性别结构、妇女社会地位等一系列问题上,产生了变化。市镇也从原先的乡土文化中心转变为近代都市文化向农村传播的据点。

但是,截至 1949 年,这种以近代工业向市镇扩展为标志的分化,趋势虽很明显,其程度却还十分微弱。1949 年以后,在相当长的一段时间内,江南市镇的近代转轨仍然相当缓慢、迟滞,直到 20 世纪 80 年代,工业化的步伐在全国范围内加速,江南地区更不例外。一些先天条件优越的市镇,由于各方面因素汇集,从传统的农村商业中心迅速转型,变成了小型的工业都市或行政中心;另外更多的各个层级的市镇,则进一步衰落。人口与经济活动一起,伴随着交通的便利化,向着更大的都市集中了。也就在这一过程之中,传统江南市镇作为一种生活场所遭到了无情的遗弃,许多精美景观受到冷酷的破坏。从整个江南地区的总体网络框架来观察，连接都邑与基层村市的那些大市镇，其分布明显疏朗化了。

有意思的是，自20世纪90年代以来，随着国民经济的发展与全民旅游时代的来临，少数江南市镇显然获得了全新的发展机遇，转身变成了旅游胜地。尤其是那些由于发展迟滞而较多保留传统样貌的市镇，更受旅游者的青睐。无论是周庄、乌镇，还是同里、西塘，表面看去，似乎还是一样的街市、一样的建筑，以及更整洁的河道、更鲜亮的招牌，但是现在它们已经不再是传统的"存于农村经济上面"的商业中心，实质上已经是打着江南水乡古镇招牌的主题公园了。熙熙攘攘行走于市街上的，已经不是从四乡前来赶集的农民，而是从喧嚣拥挤的大都市前来旅游的城市居民。他们偷得浮生半日闲，从大都市来到"传统"的江南水乡，休闲游玩，调整散心。作为向游客传递历史与文化的窗口，这些市镇现在依存在了全新的经济基础之上，也发挥着全新的功能。

但是，以被列入《水乡古镇》特种邮票的市镇为代表的那些全新的旅游市镇，数量毕竟太少了。随着传统农村经济的远去，江南地区大量的乡村市镇将面临怎样的发展前景，是这个地区人们必须解答的一道全新的习题。

图书在版编目（CIP）数据

多被人间作画图：江南市镇的历史解读 / 包伟民著. —北京：中国人民大学出版社，2019.8
（中华历史小丛书）
ISBN 978-7-300-27271-9

Ⅰ. ①多… Ⅱ. ①包… Ⅲ. ①华东地区—地方史 Ⅳ. ①K295

中国版本图书馆 CIP 数据核字（2019）第 164103 号

中华历史小丛书
多被人间作画图
——江南市镇的历史解读
包伟民　著
Duo Bei Renjian Zuo Huatu

出版发行	中国人民大学出版社		
社　　址	北京中关村大街 31 号	邮政编码　100080	
电　　话	010-62511242（总编室）	010-62511770（质管部）	
	010-82501766（邮购部）	010-62514148（门市部）	
	010-62515195（发行公司）	010-62515275（盗版举报）	
网　　址	http:// www.crup.com.cn		
经　　销	新华书店		
印　　刷	北京联兴盛业印刷股份有限公司		
规　　格	148 mm×210 mm 32 开本	版　次	2019 年 8 月第 1 版
印　　张	7.375 插页 3	印　次	2020 年 1 月第 2 次印刷
字　　数	128 000	定　价	39.80 元

版权所有　　侵权必究　　印装差错　　负责调换